大展好書　好書大展
品嘗好書　冠群可期

大展好書　好書大展
品嘗好書　冠群可期

鑑往知來 6

『菜根譚』給現代人的啟示

陳義 主編

大展出版社有限公司

前言

在二十一世紀來臨的今天，我們所面臨的，是一個急遽變化的時代。世界固然如此，就是我們的國家、商場、家庭和一般人的日常生活，也莫不隨著而有了很大的改變，因為這樣，更導致人們價值觀的不同，這些改變來得如此迅速而劇烈，所以在人與人相處的人際關係上，造成了難以調適的困難。

對這樣的情形，我們該採取什麼因應措施，才能使自己能有個圓通、順利的人生呢？我們以為古籍將能為我們提供許多資訊和答案。

所謂「鑑往知來」，即明識往事，可以推知未來。例如，我們閱讀史書，多識古事，可以鑑往知來，有助於做人、做事，甚至為政治國。

在古籍裡，無論歷史著作、文學作品、哲學思想、處世訓誡，或兵法，都是經過激烈的政治環境的變化過程而完成的，因此，書中的人物透過作者的文筆，呈現出來的思想，是很可以作為我們參考的。何況，這些古籍都經過悠久歷史的考驗，而被流傳下來，自然最能為我們提供適應生存與變化的學問。

另外，古籍作品的可貴在於，在這些著作裡，它雖然表現出彈性的風貌，以期能適應中國長期以來政治變化多且大的環境，但是，在這些著作的精神裡層，每一部不同的書籍，都還保持著它們自己的主觀性的個性。

對現代的人們而言，我們所要探討的主題之一，是有關於心的問題。

……被周圍物質環境所包圍的空虛的心

……很難再以合理的方式去抓住人們的心。

生活在今天的社會，雖然物質生活不虞匱乏，但是，許多人多多少少曾遭遇過有關心靈的問題。而在這一方面，古籍是能有所幫助的。因為，時代、社會制度雖然在改變，然而人的心靈卻終究是不大有變化的，而古籍卻能幫助我們透徹的了解到心的深處。

這就是為什麼在醫藥如此發達的現代，而中國醫藥的方法仍被世人重視的原因。中國的醫藥重於改變體質，可以使現代醫學難以治療的慢性病痊癒。我們以為，古籍也能將現代人有病的心，予以治癒。

這套叢書就是以這樣的觀點，將歷史、思想、文學等古典作品集合起來，希望給現代社會帶來一些貢獻。

古籍相當繁多，我們擇取與現代社會有關的作品，並從此作品中選出意義較深的名言，加以解釋和說明，這也可以說是抽取精義的一種作法。

經歷了數百年，甚至數千年考驗的先人的遺產，若對今日社會人心的智慧有所啟發。或以之作為人生的指南針，為人們帶來些心靈的安靜，或對諸位有任何幫助，這是本叢書出版者最高興和光榮的事。

編著群

目錄

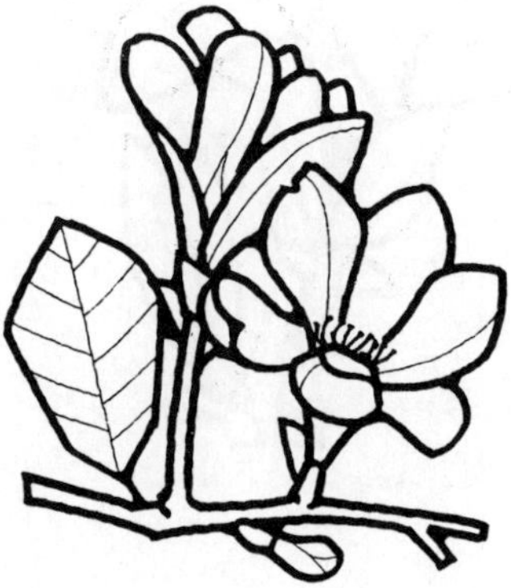

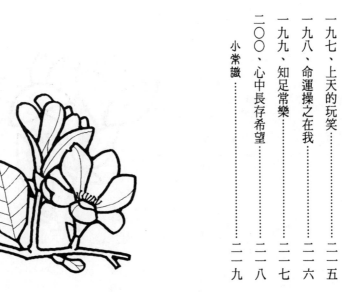

解題

關於原著

『菜根譚』是明朝萬曆年間（一五七三～一六一九年）的雅士洪自誠所寫的隨筆，分為前集和後集。前集計有二百二十五項，後集有一百三十四項。前集內容主要說明的是作者社會生活的經驗談，後集的內容則是談一些出世觀念以及與風月為友的樂趣。

「菜根」是指喫菜葉或菜根等粗食。作者因宋代大儒朱熹在『小學』中曾經提到同代的學者汪信民所說：「常嚼菜根，則百事和順。」故引用而為本書之題名。

又，作者因能克制物質欲望，過著寧儉勿奢的生活，以充實精神內涵，故將本書題名為『菜根譚』。

關於作者洪自誠的生平梗概，除了知道他號為還初道人外，餘皆不詳。

另外，他有一個朋友于孔兼，於明代萬曆年間在朝為官，曾為本書作序。當時因為直諫，不見容於神宗，而回鄉過著優游自適的生活，想必和作者的經歷頗為相似！

誠如『菜根譚』內容中所呈現的曠達胸襟和雍容氣度，若非有仕途不順遂而倦官回田里的淡泊明志，恐怕寫不出這樣深刻的感受！這種恬淡自適的感覺，在書中隨處可見，讀者可細細品味。

本書寫於十六世紀到十七世紀初，當時的中國已是明代開國二百多年了，社會安定，民生富裕，然而在國外卻干戈擾攘。

當時正值日本的戰國末期——安土桃山時代，因豐臣秀吉攻佔朝鮮（文祿、慶長之役，一五九二～一五九八年，計六年），明朝為了救援朝鮮而出動大軍。但在『菜根譚』中卻絲毫未曾提及這種有關政治與外交上之大事。由此可見作者淡泊名利之一斑。

本書在中國曾傳頌一時，但足可信賴的版本卻未流傳下來。

本書一看便知並非一本有系統之哲學書，而是一部隨筆集，以儒家思想為基本架構，加上老莊及禪的色彩，富於包容力，涵蓋面很廣，但也因此而被某些人批評其首尾不能一貫。

本書雖非學問研究的主要對象之一，讀之卻能修身養性，故被視為勵志小品之類，讀者層面廣泛，為一本不可多得的中國古典書籍之一。

現代人不可或缺的精神糧食

『菜根譚』之所以迷人，總括來說，計有三種魅力，第一，全書充分展現作者一貫的倫理觀。

處在如此喧囂擾攘的現代社會中，人們的價值觀已逐漸趨向多樣化，甚至到了極易動搖的地步。並形成一種普遍意識——那就是不以矯揉造作、寡廉鮮恥為意，反斥道德崇高者為落伍之人。

像這種自我意識的膨脹逐漸普遍之後，將使剛正不阿正直之士，日感不安和孤立，『菜根譚』為了匡正這種偏差的道德倫理觀，在書首即說「棲守道德者，寂寞一時，依附權勢者，淒涼萬古。達人觀物外之物，思身後之身。寧受一時之寂寞，毋取萬古之淒涼。」說明了本著一貫的道德觀——立身處世，可能會使自己陷於孤立狀態，但也只是暫時的。如果依附權勢，做出背德的事情，將使自己永墜孤獨之獄，不得自拔。

又說：「做人無點真懇念頭，便成個花子，事事皆虛。……」說明人生的價值並非建立於地位、財勢及才能上，應該秉持著真誠之心以立身處世。

這種看似說教的道德文章，事實上是作者想掙脫人世束縛和自然為友的表現，尤其以後集更為生動而感人肺腑，這是本書的第二種魅力。

「興逐時來，芳草中撒履間行，野鳥忘機時作伴。……」光著腳漫步在青草地上，連野鳥都忘了警戒之心，與我作伴。這是多麼美好的洞天福地，顯然將自己化為水墨畫中的人物，而與自然結為一體了。人都會隨著「髮落齒疏，任幻形凋謝」而逐漸老、死，因此，軀殼的存在是短暫的，倒不如由鳥語花香中體現和大自然冥合的境界，如此，不就是永生了嗎？）第三種魅力則是散見在本書各處的作者圓融的處世智慧。洪自誠有高尚的理想及完美的情操，處亂世而不改其操守，真可謂智者了。例如，「鋤奸杜倖，要放他一條去路。若使之一無所容，譬如塞鼠穴者。」意即若要除去惡黨，仍應放他一條生路，如果趕盡殺絕，他們將如口袋中的老鼠，必會咬破口袋，做困獸之鬥。

像這一段，可能是其做官時的經驗談。當自己處於優勢時，若逼迫對方，恐會遭致對方反擊。可謂放之四海皆準的真理了。

菜根譚是能保持身心平衡的常備藥

在『菜根譚』中表現出的洪自誠的思想，具有倫理性、風雅性及親切的處世智慧。現就這三方面加以介紹：

『菜根譚』通篇思想看似矛盾，但被洪自誠之完美人格所統合、駕馭。

「居軒冕之中，不可無山林的氣味。處林泉之下，須要懷廊廟的經綸。」

意即在朝為官時，不可無遁世隱者的情操，退休後，不可忘了天下國家的政治情懷。

以現代來說，在盛年時心無旁騖的專心工作的人們，退休後往往無所事事，這種一成不變的生活方式，是無法適應各種變化的。

最後，『菜根譚』還具有另一種魅力，就是文字具有詩般美妙的韻律。例如：

「風來疏竹，風過而竹不留聲。雁度寒潭，雁去而潭不留影。」

這句話如以現代語解釋，恐有畫蛇添足之感，請依原文朗誦一番，以體會其詩般韻律。

本書讀誦時可不假思索，興致來時，就翻到喜歡的篇章，或朗誦、或默讀，你的心境將有意想不到的出塵之感。在空閒時信手拈來一句，能鼓勵撫慰心靈，並去除憂鬱，因此，『菜根譚』真可謂保持身心平衡的常備良藥。

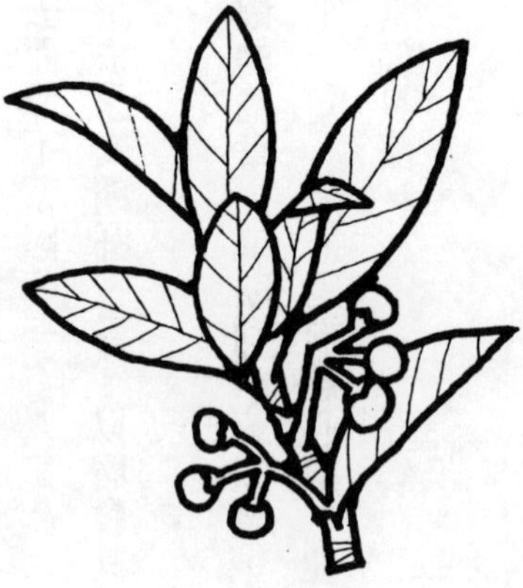

一、不要因害怕一時的孤立而招致永遠的孤獨

棲守道德者，寂寞一時。依阿權勢者，淒涼萬古。達人觀物外之物，思身後之身。寧受一時之寂寞，毋取萬古之淒涼。

意思是說固守道德典範的人，可能會曲高和寡，寂寞一時。但是依附權貴，固然可得一時之榮耀，一旦權貴盡失，勢必永墜孤獨之獄。有遠見的人，不會被眼前的榮耀所迷惑，寧願忍受一時的寂寞。

有人說現代是個個性化的時代，所謂個性化，是過著各種不同的消費生活，標新立異，譁眾取寵，而把棲守道德者視為舊式社會的人，甚至視之為怪人。

但是，為現今社會樹立良好典範的，往往是這些抑鬱不得志的崇尚道德者，他們可謂是真正懂得人生價值的人了。

只有謙虛的人，才能發揚光大他的優點，而行為不良的人，必然要失敗。世間一切事情，沒有比正義更可貴的了。

二、處世做人宜坦白實在不尚機巧

君子與其練達，不若樸魯。與其曲謹，不若疏狂。

文章有疏密，人性也是如此。與其心多顧慮，機巧用事，不如不拘小節，事事率真。

因為，處世時言語正直，胸懷坦白，才能得到他人的信任。

有些人交際手腕圓滑，八面玲瓏，事到臨頭卻不見蹤影。倒不如樸魯的人，言出必行。

人，不應當由於處在困境就放棄自己的事業，也不應當由於處境優越，就產生雜念而改變自己的志向。在富裕時要想到貧困的時節；不要等到貧困時再沈迷於對富裕時的回憶。

三、能明志，同時深藏自己的才能

君子之心事，天青日白，不可使人不知。君子之才華，玉韜珠藏、不可使人易知。

君子的心思胸懷坦蕩，言行舉止表裏如一，因此，能取得他人的信任。至於自己的才能學識則應當慎重的包藏起來，從不加以炫耀。

中國有個固有思想：「良賈深藏若虛。」是說擅於做生意的商人，總把好的商品深藏起來，等待良機才買賣，看起來好像沒有什麼商品似的。（史記『老子傳』）

日本江戶時代的商人訓之中曾說明，最好的買賣方式是「以無聲呼客」。易經：「君子藏器於身，待時而動。」在在說明了君子不炫耀自己的才能的崇高節操。

只要自己有高尚的品德，就會有很多的朋友。只有道德高尚的人，才真正懂得愛和憎。

四、所謂真正廉潔高尚的人

勢利紛華，不近者爲潔。近之而不染者爲尤潔。智械機巧，不知者爲高。知之而不用者爲尤高。

不親近權貴勢利可算是廉潔的人了，如果親近卻絲毫不受影響，那就是「真正廉潔」的人。不施詭詐權術的人，可算得上是人格高尚的人了，而懂得權術卻不用它的人，更是高尚。

現代社會中，有些人犯了偏狹的毛病，往往自以為是，閉門造車，不和外界交流，故步自封，久而久之便將自己自絕於世界之外了，殊不知由他人不同的價值觀念與迥異的生活方式中，有助於啟發自己，砥勵自己。

依靠虛偽的言辭，固然能夠使一國人都被欺騙；但在客觀事實考驗和具體事物面前，卻連一個人也騙不了。

以友為鏡，可以知得失。「三人行必有我師」，以他人言行為自己的鏡子，才能時時反省自己，修煉人格，以臻於高尚完美的境界。

五、不輕信阿諛奉承的話

耳中常聞逆耳之言，心中常有拂心之事，纔是進德修行的砥石。若言言悅耳，事事快心，便把此生埋在鴆毒中矣。

良藥苦口利於病，忠言逆耳利於行。喜歡聽甜言蜜語，怕喝苦口良藥乃人之常情。然而，事實上，逆耳的忠言，不順心的事，才能磨練德行。如果周遭的事皆悅耳快心，在不知不覺間便可能自埋於鴆毒之中，而毀了一生。

無論古代的昏君或現今企業界居高位者往往有此傾向——喜聽諂言，終日過著虛華無度的生活，不知事態日益惡化之嚴重性，一旦崩潰，便至不可收拾之境地。

所以，當耳中常聞逆耳之言或諸事不順遂時，當深自反省，才能砥礪節操，使人格更趨完美。對於諂媚的小人，則應存有戒備之心，以防口蜜腹劍傷了自己而不自知。

不過，聽別人說話固然可以了解人，但是，輕信人家的話，也會失去一個人。為人能夠謹慎誠摯，就是有福了。

六、懷抱喜悅之心

天地不可一日無和氣。人心不可一日無喜神。

洪自誠說：「在淒風雨之時，連鳥兒的叫聲都很淒慘，一旦天氣放晴，在暖和的陽光照耀之下，草木皆欣欣向榮。由此看來，天地萬物一天之中所不可或缺的就是一顆溫暖的喜悅之心。」

有句諺語說：「笑門福自來」，與人相處時，能以笑臉相迎，必能給人一種如沐春風之感。

當今社會一個刻不容緩的問題，就是教育方式的改進，為人父母、師長的應對子弟們施以愛的教育，擺脫權威主義，和顏悅色地教育他們，養成他們自動自發的獨立自主精神與創造能力。

對於善良的人，要親自去鼓勵他別鬆勁；對品質不好的人，要開導他，指出他的缺點，使他加強自我改造。

七、淡泊之中自有真味

醲肥辛甘非真味。真味只是淡。神奇卓異非至人。至人只是常。

味道過於強烈的食物，並不適合我們的口味，真正適合口味的，應是清淡的；真正有道德的人，他們的行徑與普通人並沒有二樣，不會有奇特的作風。

在一首歌謠中有句歌詞是這樣的：「熊野、松風中有米飯。」意思是作家世阿彌所做的熊野、松風兩首曲子，就如同白米飯一樣，令人百看（聽）不厭。

洪自誠也有這樣的生活哲學：「凡是過於甜美或辛辣的食物，容易令人生厭，而看似驚奇的言行舉止，看多了也毫無樂趣，只有平凡的事物才有無窮的味道。」

在日本的多數名謠之中，熊野和松風被讚揚為不可多得的曲子，而被世人傳頌不已，主要是因全曲在平溪中隱隱透出難以言喻的獨特風情。

立身處世之理亦同，不要像豪華的山珍海味，吃多了讓人厭膩，而要像白米飯一樣，餘味無窮。厚味的東西容易變壞，君子之間的交情就像水一樣淡，所以能長久不衰。可回味無窮的東西，並不在具體滋味的本身，而是在酸、鹹味之外。

八、要懂得閒中有忙，忙中有閒

閒時要有喫緊的心思，忙處要有悠閒的趣味。

人容易被環境所左右，空閒時將時間完全消磨殆盡，工作時，卻又被重重壓力籠罩得喘不過氣，如此一來，工作與休閒皆不得適然。

一個自動自發、具有創造性的工作者則不然，他能在上、下班途中或是休假日在庭中除草時，利用時間思考，往往能湧出不少創見，克服平時百思不解的問題。在忙裏也能偷閒，看看窗外天空雲彩變幻的景色，舒緩緊張的情緒。

劍聖宮本武藏曾說：「不要讓心裡有放不下的事情，也不要使心太空閒，此時的心看似軟弱實則堅強。」如此使心境常保平衡，才能創造高效率的工作成績。

太陽白天普照萬物，月亮黑夜光耀大地，它們各有各的好處。日日有所收穫，月月有所進步，這樣不斷的學習，就能達到無比光明的境界。

九、深夜自省可常保心的清明

夜深人靜，獨坐觀心，始覺妄窮而真獨露。每於此中，得大機趣。

洪自誠所謂的大機趣是，要冷靜的認識自己，才能產生向上的意念和自信。

現代人的生活步調非常快速而忙碌，往往沒有多餘的時間可用來自省。因此，日常生活裡無形中養成的壞習慣就沒有機會檢討改進，而渾噩過一生。作者有鑑於此，希望人不妨於夜闌人靜時，深切省察自己，然後重新出發。

要斷絕一切外界的刺激與誘惑，在目前競爭激烈的社會中，誠非易事。但是，為了砥礪人格，不如此，又如何能從渾噩境界中超拔出來？

「百川並流，不注海者不為川谷。」比喻學習或修養，如果半途而廢，就不能取得進步。人生在世，就是活到百歲也像一瞬即逝，豈有不珍惜人生的道理。

十、處順境趁早潔身引退，處逆境切莫自暴自棄

恩裡由來生害。故快意時，須早回首。敗後或反成功。故拂心處，莫便放手。

人事無常，不可能常處順境，因此，在得意的時候，宜潔身引退。失敗為成功之母，一時的失敗，不可灰心，宜再求精進，或許柳暗花明，又將是另一番景象。冬去春來，月圓即月缺的開始，是自然界的法則。人生也是如此，能有這種達觀的想法，則處順境不至得意忘形，處逆境也不自暴自棄。

一旦鰲魚掙脫了釣魚鉤，就會高興地游向遠處，不會再回到原地方了。安與危互相倚伏，禍與福彼此包含。相對的兩面可以相互轉化。平安的時候不要忘記還會發生危險，生存的時候不要忘記還會發生危亡。

將順逆視為一時之事，才能從急流中勇退，從挫折中站起來。有句詩說：「憂愁不過是一時的，高興也如此……。醒時都不過是一場夢。」

十一、高尚的情操來自簡樸的生活

藜口莧腸者，多冰清玉潔。袞衣玉食者，甘婢膝奴顏。

藜菜和莧菜都是生長在荒地的雜草，能夠甘於這種粗食的，大都是冰清玉潔的高尚人士。

相反的，那些喜好錦衣玉食的人，為貪圖榮華富貴，往往不擇手段，不惜卑躬屈膝，諂媚他人。

處於當今競爭激烈的現代社會，人們為了提高生活享受與社會地位，莫不費盡心機。能夠堅守原則的人，始終不懼勢劫利誘，但是，意志不堅定的急功近利者，就沈淪為利慾的洪流而不可自拔了。

私慾多的人不剛強，剛強的人，不會屈服於私慾。胸有大志的人，就能磨練自己，實現自己的志願。人生的意義與價值並非建立在物質慾望上，千萬不可為了一時的逸樂而喪失了自我，這是作者一再強調的處世哲學，吾人不可不深思啊！

十二、濟物利人毫不吝惜

面前的田地，要放得寬，使人無不平之歎。身後的惠澤，要流得久，使人有不匱之思。

人生在世，應該以寬容之心待人，不使他人對你有不平之嘆。死後要多留恩澤給他人，才能使人追懷不已。

毫不吝惜地將自己的東西分與他人，所指的不只是物質與財貨而已，也包括知識、技術與經驗等，這樣做不但利人且利己。

有位A公司的董事，他在電子工業界擁有獨特的先進技術，他曾說：「在企業界有關技術上的祕密是愈少愈好，因為不論你如何保密，在產品問世時，一定會被他人所模仿，這時無論你如何強調它是自己公司的智慧結晶也無濟於事，應於此時制敵機先，再重新開發新產品。」

傳統的藝術與技能應使之薪火不斷才有價值。在武館與藝術界往往有「留一手」的陋習，應杜絕了。

十三、培養施予和謙讓的美德

徑路窄處，留一步與人行，滋味濃的，減三分讓人嗜。

走在狹窄的路上，應停下腳步讓人先走。有好吃的食物也應請人嚐嚐看。這種觀念，在現今的家庭與學校教育中可能已被大多數人所忽略，使得人情日益澆薄。在這個冷酷的世上，人人競爭唯恐不及，只怕自己稍不留心，就會被人超前，遑論「讓人一步」了。

但是，人的資質與能力千差萬別，必須先認清自己，如有不如人的，就應集思廣益，多吸取他人的經驗，融會貫通，激發自己的潛能。而自己的能力強過他人，也不必志得意滿，畢竟「人外有人，天外有天」，宜更求精進，才不致被激烈競爭的洪流所淘汰。

別人有錯誤，自己必然能知道；自己有了錯誤，卻反而不知道。自己的心不易了解，正像燈光只照別人，不照燈台那樣。嚴以待人，寬以待己，萬萬不可。

十四、擺脫俗情與物累

擺脫得俗情，便入名流。減除得物累，便超聖境。

欲使人格精進，與其建立驚人的功業，不如拋棄世俗的慾望。如果立志學問之道，在進德修業之前，應先捨棄不必要的雜事，如此才能達到超凡入聖的境界。

在各種業界中，許多人經營出絕佳的業績，但並沒有得到適當的評價，這是什麼原因呢？這些人因為太好慕虛名，一味地沽名釣譽，以至於為了滿足慾望，不擇手段，迎合潮流粗製濫造而喪失了信用，結果卻得不償失。

如果你是一棵草，那就要成為蘭草，蘭的幽香隨風飄到遠方，令人陶醉；如果你是樹木，那就要做棵青松，青松鬥霜抗雪，蒼容不改。

名與利都只是浮光掠影，一閃即逝。那些追求富貴權位的人，往往到頭來一無所得，不如追求更高的人生境界，使自己的人格趨於永恆。

十五、交友要有俠氣，為人要存真心

交友須帶三分俠氣。作人要存一點素心。

與人交往，要帶三分俠氣的心腸；做人處世，要保持一顆赤子的心。

有位熱情詩人曾做了一首『戀人之歌』，其中的一節說：

「交友必須有六分俠氣，四分熱忱。」

在當今社會中，真正抱持這樣觀念的人，實在微乎其微，相反地，所謂的「朋友」大都為相互利用的關係。

如能抱著一片俠心，為人服務而不求回報，才能產生真正的友誼。

至於人際關係中不可或缺的俠氣，其產生的原動力就是潛在心中的一顆真誠之心。本著真誠之心與人相交，他人亦必以誠相待。這是交友的基本原則。

君子之間的交往，像水一樣恬淡清澈；小人之間的交往，表面上像甜酒一樣甘美。君子之間的友誼雖然表面恬淡，但內心十分接近；小人之間的關係雖然表面熱情，卻很快就會決裂。那些小人沒有思想一致的基礎而糾結在一起，他們必然會無緣無故地斷決關係。

十六、與其爭名奪利，不如進德修業

寵利毋居人前，德業毋落人後。受享毋踰分外，修爲毋減分中。

名利不爭取，行事見義勇為，生活享受不越本分之外，學問道德的涵養，該盡力研求。這是立身處世的根本。

現在是個講求自我宣傳，以提高知名度的時代，人人爭名奪利，唯恐不及。但是，作者有先見之明，認為與其和他人計較利害得失而招怨，甚至自毀前程，不如進德修業，追求人生更高的層次，如此才能不為名利所動，優游自在處世時無入而不自得。

在企業組織中也是如此，與其爭功邀賞，不如腳踏實地，發揮潛力，如此，在公司的地位與份量自能穩固不移。

人經過學習，才能增加才智，刀經過磨礪，才能更加鋒利。學習是為了解決人感到迷惑不解的問題，而使人明白。學習如果不了解學習方法，就反而使人更加迷惑不解。

十七、謙讓寬容是處世待人的根本

處世讓一步為高，退步即進步的張本。待人寬一分是福，利人實利己的根基。

洪自誠說：

「退一步是前進的基礎，為人著想是使自己蒙利的根本。」

對自己的言行，經常戰慄恐懼，害怕出錯，這種心情就像隨時要墜落到深潭中一樣。取得勝利不是最困難的，保持勝利才是最困難的。賢德的人，責任重大但行為必然恭謹；聰明的人，功勞卓著但言辭必然和順。

在商界，為了市場佔有率或是新產品的開發，而與對手激烈競爭時，往往有被意料之外的第三者得了漁翁之利的情況發生。

因此，與其只顧搶佔上風，打敗敵手而反遭損害，不如掌握時機，顧及對方的顏面，予以相當的好處，然後吸收為自己企業的一部分。本著這種寬容之心，利人且利己，這也是成大功，立大業的關鍵。

十八、勝不驕矜，過不憚改

蓋世功勞，當不得一個矜字。彌天罪過，當不得一個悔字。

當你立下了一個驚天動地的大功時，就喜形於色，自認不可一世，這個功勞就顯得毫無意義。如果犯下了滔天大罪，而能從內心真誠反省改過，這個罪過也就消弭於無形了。

才華敏銳過人，不算可貴；淵博善辯過人，不算可貴；勇敢果斷過人，不算可貴。君子所看重的是：向別人的優點學習、靠攏，唯恐做不到；改正自己的錯誤，唯恐沒有改完。

當此競爭社會，人們較短視近利，總以成敗論英雄，這真是觀念上的偏差。有一句名言：「不論勝、敗都有可能是意外的結果！」

勝不驕，敗不餒。勝了就不可一世，恐怕將來必遭失敗的命運。反之，失敗了能記取教訓，往往是成功的契機。無論組織或個人對於成敗都應抱著正確的因應態度才是。

十九、不可邀功諉過

完名美節，不宜獨任。分些與人，可以遠害全身。辱行污名，不宜全推。引些歸己，可以韜光養德。

成功時不可獨佔眾人建立的功名；失敗的責任也不應推諉。應以謙恭之心，砥礪人格。

邀功諉過是人之常情。但是，目前的社會是群體的組織，必須眾人分工合作，才能共享成功的果實。

聖人是在批評與自我批評基礎上求團結，一般人是先聚結一起，隨後又彼此不和而分手。聖人不謀私利，他所關懷幫助的是善良的一般人。

著名的排球選手曾說：「當你殺球成功得分時，就自鳴得意，那就錯了，要知道這是全體隊員共同努力，才醞釀出殺球的機會，對於眾人應心存感激才是！」

同樣的，看到團體中的一份子陷於困境時，也應伸山援手，盡量幫助他，自助人助，才能完成一人之力所不能完成的大事業。

二十、完美主義者使周圍人遭難

若業必求滿，功必求盈者，不生內變必召外憂。

這是對完美主義者的警告之言。

完美主義的上司性好指責部下，並且往往只將焦點放在部下的缺陷和弱點上，稍經察覺，則大肆渲染，使得部下毫無辯解的機會，從此意志消沈，無法做出創造性的工作，無論對上司或整體企業組織來說，都是一大損失。

處世事事求其功德圓滿，不但使自己也令他人喘不過氣來，倒不如換個角度，先讚揚對方的優點，然後在不傷害對方尊嚴的原則下，表示自己的意見和看法，使對方知過而改，或是給對方辯解的機會，才能達成溝通的目的。

給了別人東西，千萬別老記住；接受了別人給你的東西，千萬不要忘了。受點損失，不要老放在心上；有所受益，也不要喜形於色。在一個公司中，不要斤斤計較個人的得失。

二十一、保持家庭和樂勝於坐禪修行

人能誠心和氣，愉色婉言，使父母兄弟間，形骸兩釋，意氣交流，勝於調息觀心萬倍矣。

洪自誠說：「真正的菩薩，只在和樂的家庭中存在。」意思是一家人如能和顏悅色、情感交流，平安快樂過日子，勝過坐禪修行數萬倍。

現代的社會，人們的物質生活日漸優渥，但在家庭倫理方面，卻產生了令人擔憂的危機，主要是任性、自我本位的個人主義風行，泯沒了彼此誠心和氣相對待的倫理思想。

想挽救此種危機，最重要的是要家中成員相互尊重，重新建立新的家庭關係。作者認為家人應和顏悅色，抱著客觀的態度，坦誠溝通。以家庭為最舒適的休息空間而非爭執的戰場，或是冷清的空殼子。

例如：問早道好，主動關心家中每一份子，使全家浸淫在和樂的氣氛之中。

二十二、調和動靜過充實的人生

好動者雲電風燈，嗜寂者死灰槁木。須定雲止水中，有鳶飛魚躍氣象。

不斷的妄動，就好像田中的稻草人和被風吹動的燈火，絕不可能真正安定下來獲得寧靜。相反的，過於好靜，則像槁木死灰，毫無生氣。為人應像不動的雲中有鳥兒在飛，靜水中有魚兒跳躍，將動、靜融合為一。

「鳶飛魚躍」是出自詩經大雅旱麓篇：「鳶飛於天，魚躍於淵。」充分表達大自然中生動活潑的氣象。

動靜調和是萬物的自然現象，在活動中仍不失悠閒的心情，適可而止的休息以備更積極的活動，如此才能使身心常保平衡。

現代社會中的上班族，常有人患了「星期一病」，主要是因休閒時未能適當休息，不是活動過於激烈，無法恢復疲勞，就是過於閒散，到了上班時反提不起勁。都嚴重影響工作效率，應多加注意。

二十三、和顏悅色規過勸善

攻人之惡，毋太嚴，要思其堪受。教人以善，毋過高，當使其可從。

糾正他人的缺點，引導他人向善，都應循序漸進，婉言相勸，和顏悅色以開導他，人必欣然接受而改過遷善，如果太嚴厲，使人受不了，反而結為仇敵，就適得其反了。教人做善事，期望不要太高，要使對方能夠做到才行。

如果自己不能接受別人的勸告批評，還怎麼能批評別人呢？只相信自己的人，是最孤立的人。

如果所說的話都是出自肺腑，雖然說的不見得都對，人家也會高興接受。人能謙虛慎行，就可以成為大家學習的榜樣。

在企業組織中，上司與下屬之間常有意見相左的情況發生，不過，上對下宜語氣輕緩，態度和順，使部下口服心服，進而樂意效犬馬之勞。對下屬的建議也不宜輕忽，即使不合適也不應破口大罵，使部下無所適從，更不可陳義過高，使部下產生挫折感。

二十四、不因外觀之醜而忽略其本質之美

糞蟲至穢，變為蟬而飲露於秋風。腐草無光，化為螢而耀采於夏月。

在過去有所謂「化生」的名詞，即由無生物化為生物，例如『禮記』中有「腐草成螢」的說法。

至髒且臭的糞蟲能變為蟬，且能引亢高歌。腐草化為螢火蟲，在夏日夜晚閃閃發光，為童年的記憶增添無限樂趣。

日本作家賀川豐彥曾到神戶的貧民窟為貧民們服務，他的自傳小說『超越死亡線』，是大正到昭和初年的暢銷書，他在文中曾提到：「居住在貧民窟的人，常被世人看不起，事實上，他們之中有很多人具有高尚的情操，尤其是對基督教認識很深，我希望能對他們有所幫助，因此從事服務的工作。」因此，判斷人、事、物時不要因其外貌之醜而忽略了其本質之美。

凡是想從別人言語中吸取有用的東西，就必須首先除去自己的固有成見，使自己的心像明潔的鏡子，這樣才能看清事物。

二十五、擺脫成見找回本性

矜高倨傲，無非客氣。降伏得客氣下，而後正氣伸。情欲意識，盡屬妄心。消殺得妄心盡，而後真心現。

驕矜傲慢自鳴得意，只是一時的血氣之勇，若能降伏克制這股血氣，正大的浩然氣概便能滋長、擴展。一切的欲念和意識活動都是虛妄不實的，能將這些妄念消彌，就能顯出善良的本性。

能樂高手世阿彌在『風姿花傳書』中曾說：

「要擺脫掉情慾意識，才能虛心學習。」

情慾意識是先入為主的觀念，是進步向上的大敵，矜高倨傲也是如此，唯有自我衡量本身的能力，謙虛再求精進，將妄念斬草除根，才能使得正氣伸展而真心復現，當然這得視修養的功夫深淺而定，然而，擺脫成見，找回真性情，人生才有意義。

指責別人的缺點，不要太苛刻；教人修身養德，要求不要太高。批判自己的壞處，不去批判別人的錯誤，這是消除無形怨恨的方法。

二十六、食色之慾適可而止

飽後思味，則濃淡之境都消。色後思婬，則男女之見盡絕。

孔子說：「飲食男女，人之大欲存焉。」但是，人在飲食及情慾滿足之後，就沒有食、色的興趣了。這主要是因為事情未經歷之前，總想一嘗為快，一旦經歷過後，便覺索然無味了。

在芥川龍之介的名作『芋粥』中，主角很想一嚐芋粥的香醇滋味，並曾暗自期許此生若能吃一次，就心滿意足了。在一個偶然機會中，終於得償宿願，但是，當別人力勸他多吃一些時，他反而了無食慾了，不禁懷念起只抱持一個小願望而滿懷憧憬的過往歲月。

吃的是粗茶淡飯，睡覺時彎曲著手臂當枕頭，快樂也就在其中了。如果違背正義去獲得財富和地位，這種富貴就像飄忽不定的雲彩一樣，是靠不住的。

二十七、在職時和退休後的心境調適

居軒冕之中，不可無山林的氣味。處林泉之下，須要懷廊廟的經綸。

所謂「軒」是指達官的座車，冕是帽子，廊廟是指朝廷。全文意思是說置身重任之中，不可失去了山林中悠游自得的心情。退休後，享受閒居之樂時，也不可忘了關心天下國家。

我們的意識常受外界的環境所左右，也能從更寬廣的立場，重新看自己，這是人類之所以異於其他低等動物的原因。

在競爭的洪流中奮鬥的人們，如能偶爾而抽空看看窗外的流雲、花鳥，或許不致於工作中毒，也不會忘了對部下及家人的關心。退休後，仍應盡量參加社會工作，這樣的人生才顯得充實豐盈。

《南史・陸慧曉傳》中說：「靜則人不擾，儉則人不煩。」即是說明能安居處靜，就不會有什麼麻煩的事兒；能勤儉度日，便不會有什麼煩惱。

二十八、不求有功，但求無過

處世不必邀功。無過便是功。與人不求感德。無怨便是德。

處世欲求有功，不如先求無過。希望他人感恩，不如不招怨他人。如果凡事能退一步著想，就沒有煩惱了。

如果擔心別人造謠生事，首先要端正自己的心，並且把奸人從身邊趕走。害怕自滿，就要想到要像江海那樣，處在許多小河的下游，可以承受包容這些小河。

以上看起來似乎是消極的價值觀，事實上，它含有積極的意義，人生就像樓梯有時高來有時低，有時也該歇個腳、喘口氣。如果一味與人計較長短，邀功爭寵，反而於己不利，倒不如退一步海闊天空。

與其施恩求報，不如不招怨他人，否則施恩之動機不純正，反貽人話柄。不與人結怨，自能過得心安理得。

二十九、憂勤與澹泊需調和

憂勤是美德，太苦則無以適性怡情。澹泊是高風，太枯則無以濟人利物。

面對任何事物宜達觀，凡事盡心盡力泰然處之，如果思慮過度，終日生活在愁苦之中，則人生將毫無樂趣可言。澹泊名利是高尚的節操，但是，表現太過於優游自得，不問世事，對社會無所裨益，就不過是隻寄生蟲罷了。過與不及皆非中庸之道，過於思慮與悠游都易迷失本性，應使其調和以怡性適情並利人濟物。

遊玩休息不可以沒完沒了，個人的要求不能不加節制，奮鬥目標任何時候都不能認為滿足，享樂、高興不應失去控制。要像每天盥洗一樣，清洗自己的思想，真誠地使自己的思想一天有一個新面貌，再一天還要有個新面貌。

永無止境的慾望，是一個人生活上總認為財物不充足的根本原因。貪圖安逸享受，等於喝毒酒自殺，這是不可以懷念的。

三十、不論窮達都要有退一步的勇氣

事窮勢蹙之人，當原其初心。功成行滿之士，要觀其末路。

人生就如登山，當前途難以突破，一籌莫展時，就應潔身隱退，研究對策再出發，這樣才是有勇氣的人。如果不顧一切，拚命往前衝，或是迷妄的原地打轉，是會遭致災難的。

當一路順風，到達最高點而達成目的時，就要想想退路，計畫如何下山。如果不自量力，還想向另一山頭挑戰，而耗盡體力和糧食，必將遭致意想不到的危險。

因此，在人生的道路上，當你面臨窮途末路時，要有毅然退回出發點的勇氣。目的已達時，則要有隱退的決心才好。

想到危險，因此可以得到安全；考慮到後退，因此可以前進；時時畏懼禍亂，因此可以保持安定的局面；警惕滅亡，因此可以獲得生存。災禍是不會降落在謹慎人的頭上的。

三十一、富貴而忌刻，將飽嚐孤寂滋味

富貴家宜寬厚，而反忌刻。是富貴而貧賤其行矣。如何能享。

所謂寬厚是指待人寬容厚道，忌刻則是指疑心病重，沒有人情味。有些人環境好，物質生活豐裕，但是心地冷酷卑鄙，是什麼原因？

綜觀此世上「富貴而忌刻」的人，計有二種類型：

①原本環境並不太好，由於努力加上運氣而獲致成功而出名的人，由於成功得之不易，顯得勢利而冷酷。

②自幼生長在優裕的環境中的公子哥兒或千金小姐，沒有受到良好教養，不知世情冷暖，不了解貧困者的苦處，待人處事顯得非常冷酷，這種冷酷就像孩童踩螞蟻，屬於天真的冷酷。

以上這二種人待人欠缺寬容的雅量，交不到真正知心的朋友，一旦權勢盡失，將嚐盡孤寂的滋味。

三十二、過於炫耀必遭失敗

聰明人宜斂藏，而反炫耀。是聰明而愚懵其病矣。如何不敗。

精練的老鷹絕不輕易露出厲爪。人不應炫耀自己的知識和才能。『老子』中有句話說：「良賈深藏若虛，君子盛德，容貌若愚。」這種深藏不露的思想，是中國五千年文化所產生的處世智慧。

反觀現代人，無所不用其極地自我宣傳，自我誇耀，不到言過其實絕不休止。一旦被有識之士看穿，就顯得一文不名了。

企業界為了打開產品的知名度，做了一些言過其實的廣告，一旦被消費者雪亮的眼睛識破，不但血本無歸，還會喪失建立不易的商譽，真是得不償失啊！

道德行為像羽毛一樣的輕，但是，一般人卻很少拿起來身體力行。一句有價值的話，比千兩黃金還可貴。激烈的、切中要害的意見，往往被認為是毀謗。污濁的環境會改變事物的本質，習慣風俗也會改變一個人的品性。

三十三、順應自然的變化

居卑而後知登高之為危。處晦而後知向明之太露。守靜而後知好動之過勞。養默而後知多言之為躁。

天地間的萬事萬物，剛強的多不得善終，柔弱的反而能保其天年，過份自滿，不如適可而止。鋒芒太露，勢難保持長久。

這是作者的看似消極，實則達觀的處世智慧。天理萬物都是自然的循環運轉，物極必反，勢強必弱，這是自然的現象，不變的道理。

因此，作者呼籲世人千萬不可自滿自驕，否則必遭失敗，老子也認為：「日中則移，月滿則虧，物盛則衰，樂極則哀。」立身處世怎可不慎？

不因為自己地位尊貴就傲視別人，不因為自己聰明有遠見就在辯論中把別人逼得走投無路。不要因為自己做不到，就懷疑別人也做不到，不要因為自己做到了就輕視別人。

一般人如果有什麼優點，很少有不自誇的；有什麼長處，很少有不自傲的。確記，驕傲自滿的人，常常招來損害；謙虛謹慎的人，常常得到好處。

三十四、守靜養默準備再出發

守靜而後知好動之過勞。養默而後知多言之為躁。

自然的運行和人類的生活，都有動、靜、生、死的循環。守靜養默之後才知道太好動則太勞形，太多言就顯得聒噪。

人各遂其志，汲汲營營於功名利祿或道德文章等，片刻不得休憩，而結束草草一生。如果能稍微靜想片刻，或許可以悟出人生的價值與意義而重新出發，未嘗不是一個人生的轉捩點。就像看似死了的蛹，經過一段休養生息之後，終於化為斑爛的彩蛾。

言為心聲，言語是溝通的橋樑，然而太多言就顯得聒噪而膚淺，不如沈默以充實內涵。

《老子》中說：「知者弗言，言者弗知。」意思是，聰明的人不誇誇其談，誇誇其談的人不聰明。真正聰明的人，他不會自以為是，並且善於向別人請教，所以成才。

三十五、如何超凡入聖？

放得功名富貴之心下，便可脫凡。放得道德仁義之心下，纔可入聖。

若能放下對於功名富貴的執著心，才能擺脫俗務，到達超凡的境界。如能擺脫仁義道德的束縛，也才能成為與天地冥合的聖人。

老莊哲學認為仁義道德是限制人類自然發展的人為枷鎖，限制得愈多，愈傷本性。而高唱仁義道德的人，實在是被錯誤的優越意識所侷限的偽君子。

功名富貴也是傷害本性的世俗之物，古今多少人皆埋葬在功名富貴之塚中，而不知人生所為何事，豈不悲哀？

接受的陽光少，照耀的地方就窄；接受的陽光多，照射的地方就寬。德行高尚的人，喜歡別人指出他的錯誤，因而他就沒有錯誤；心術不正的人，害怕別人批評他的過失，因而他就會產生過失。

遵從大家的意見，不是聽大家口頭怎麼說，而是按照大家口頭沒有說而心裡都在那麼想的意見辦，才是真正遵從大家的意見。

三十六、偏見是使人迷失的蝨賊

利欲未盡害心，意見乃害心之蟊賊。聲色未必障道，聰明乃障道之藩屏。

追求功名利祿的心，雖然也可能傷害人的本性，然而比較起來，更可怕的是那些自以為是的偏見，偏見是使人迷失本性的蝨賊。

愛慾之心，不會妨礙人的道德修養，妨礙道德修養的是，自以為是的小聰明。

可小由周遭的人際關係，大至國際關係以及歷史上找到實例，人類受物慾趨使和追求聲色犬馬，都有一定的限度，一旦慾望滿足，便索然無味。

但是，固執的偏見和自以為是的使命感和正義感，可使人成為瘋狂集團，不覺中危害了社會及國家。

這種「偏見」和「聰明」的產生，主要是因欠缺反省和謙虛的心，一路朝向孤立化的毀滅而不自知，實在可怕。

污濁的人必定討厭清白的人，眼睛瞎了人，必定討厭眼睛明亮的人。一個人如果大話連篇而又目光畏縮，他一定是個心口不一的人。

三十七、如何對待君子與小人

待小人，不難於嚴，而難於不惡。待君子，不難於恭，而難於有禮。

小人多行不義，君子凡事則依禮而行，故對待小人與君子的方式亦不同。以嚴厲的態度對待小人不難，但以愛心對待他則難。對於君子恭敬不難，但是，要不卑不亢完全合於禮，則不易。

小人所作所為昧於天理，理不直氣不壯，嚴以待之，可震懾住他，但不可以愛心待之，恐怕他伺機擴大事端，不利於己。

對君子恭敬不難，但是，要完全合乎禮的規範，恐怕不易做到，因為君子嫻熟於禮，若有不當，會被君子誤以為你失禮於他。

有自知之明的人，不會去埋怨別人；能客觀地估價自己生活道路的人，不會去埋怨上天。自己有過錯而怪罪別人的人，他一定不會前進；自己有不如意的事就責怪上天不幫助，這種人可說沒有志氣。

三十八、黜棄聰明謝絕紛華

寧守渾噩，而黜聰明，留些正氣還天地。寧謝紛華，而甘澹白，遺個清名在乾坤。

人易被富貴榮華所牽引，終日紛擾不寧，不如保持一片純潔不染的心，黜棄聰明，謝絕紛華，才可留個正氣、清名常存天地之間。

孔子說：「不知為不知，是知也！」（『論語』為政篇），是奉勸有點小聰明的人，不要油腔滑調甚至誇大其辭，以譁眾取寵，虛張聲勢。人應坦白率直，誠以待人，自然外物不侵，正義凜然。

富貴榮華人皆愛之，但是，終日汲汲營營於功名利祿，易使人迷失本性，不如淡泊名利，心安理得。

人最寶貴的東西，就是要有高尚的品格，如果有一點貪財的想法，就不是頂天立地的漢子了。人之所以不能保持晚節，並不是說他的為人可以分成二個階段，而是他的本來面目剛剛暴露出來。

三十九、心平氣和戰勝一切

降魔者，先降自心。心伏則群魔退聽。驅橫者，先驅此氣。氣平則外橫不侵。

心平氣和，則任何誘惑都可退避，絲毫雜念無由產生。

佛教有「降魔成道」的故事，欲界之王為了妨礙釋迦牟尼佛修得最高悟境，用盡秘術打擊祂，以怪物恐嚇，用妖豔的美女誘惑靜坐冥想的佛陀。然而，以箭射擊祂，箭卻成了美麗的花束，以火焰吹澆祂，火焰又化為一把大傘，更顯得佛陀的崇高偉大，足堪為王。

這個故事是說佛陀在修道過程中，如何降服心魔，修得正果，對我們的啟示很大，人唯有戰勝自己，控制慾望才能抵擋眩人的誘惑入侵。

一般人不會在高山上摔倒，但卻很容易在小土堆上跌跤。那是人往往由於忽略小事而造成的損失。一個人能夠謹慎地處理事情，注意防止習俗的影響，經過長期的磨練，就會成為高尚的人。

四十、人際關係應親疏適中

念頭濃者自待厚，待人亦厚。處處皆濃。念頭淡者自待薄，待人亦薄，事事皆淡。

凡事以適中為宜，待人太厚道，則近於諂媚，太薄，則近於寡情，所以，應保持中庸之道。

過與不及皆不好，待人過於厚道、親切，給人一種虛偽的感覺，他人反而不易信任你。待人太刻薄寡恩，對他人漠不關心，則顯得薄情寡義，不易親近。

人是有群性的，必須大家同心協力，眾志成城，更不應離群索居。也不可對他人期望過高，干涉太多，或任意批評他人。宜保持適當的距離，才能維持良好的人際關係。

世間事情就像波浪上的船一樣，上下盤旋怎麼能停下來呢？透徹了解世界上的事物，就是學問，熟悉通達人情世故，就是文章。

四十一、要堅守信念

彼富我仁，彼爵我義。君子固不爲君相所牢籠。

君子應當獨行其是，堅守仁義的信念，不畏富貴權勢，才能享受人生的真趣。人可能會在比自己優越的人面前，自慚形穢，產生挫折感及自卑感。但是，人各有所長，如能堅持信念，所有的外在條件，諸如才能、財富、權勢等，於我皆如浮雲。

如果沒有堅強的信念，必然會趨炎附勢，做出寡廉鮮恥的事。一旦被權勢所束縛，尊嚴盡失，如何能坦蕩悠然過一生？

《呻吟語．補遺》中說：「把意念沈潛得下，何理不可得；把志氣奮發得起，何事不可做。」就是：如果能靜心思考問題，無論什麼深奧的道理都能弄明白；如果能志氣奮發，什麼事都可以成功。說明事在人為。

四十二、志向要高，腳步要穩

立身不高一步立，如塵裡振衣，泥中濯足。如何超達。處世不退一步處，如飛蛾投燭，羝羊觸藩。如何安樂。

立身處世，若想精進向上，必須有高人一等的理想，堅定的腳步。如果與世俗同流合污，就像在塵土中振衣，在泥水中洗腳，無法使人格成長。又如飛蛾撲火，羝羊觸藩，進退維谷，不得安樂。

人貴立志，志向既定，就應貫徹始終，努力充實內涵，積極進取。如果眼高手低，中途變掛，同流合污，如何能達到超然境界？

處世則應為自己留一步退路，切忌志得意滿，狂熱激進，以免像飛蛾撲火，自取滅亡，羝羊觸藩，進退兩難。

每天檢討自己，有缺點就改正它，沒有就更加努力。見解比別人高明，做事又能比別人慎重，用這樣的態度處理世事，也就不會有過錯。

四十三、進德修業應聚精會神

如修德而留意於事功名譽，必無實詣。讀書而寄興於吟詠風雅，定不深心。

人唯有恬淡寡欲，才能全力以赴地進德修業，也唯有聚精會神，才能有深厚的造詣。如果修德卻戀戀於功名，求學只是寓情寄與於風雅之事，必定難有所成就。例如，以追求利潤為目的的企業家，為了在競爭市場嶄露頭角，殫精竭慮，日以繼夜，健康卻大打折扣，如何與競爭對手公平較量呢？學者、藝術家一方面鑽研學問、追求真理，一方面又爭權奪利，或者只是附庸風雅，如何能探得學問的奧祕與宇宙的真理呢？

以錢財地位為驕傲的人，常常憂心忡忡；安於清貧的人，常常悠閒自得。勤儉節約，可使一個人變得更高尚、更美好。

人的天性本來是近似的，只是由於習染和影響不同，性格發展的結果才相距很遠。多次重複的行為，後來就成為無法改變的習慣了。

四十四、福禍如何判斷

福莫福於少事，禍莫禍於多心。唯苦事者，方知少事之爲福。唯平心者，始知多心之爲禍。

世間的種種煩惱，皆由心生，慾念愈多，煩惱也愈多。唯有知足，沒有絲毫的慾念，才能得到真正的快樂。

區別人生幸與不幸的標準很多，洪自誠以為幸福就是事要少，心安平。歷經一番辛苦的人，驀然回首，才發現原來事少才是真正的幸福。事少則心平氣和，不假外求，自然幸福垂手可得。

能節制自己的私慾，就不會產生貪婪的念頭。飯食能節制，就不會得病，說話有選擇，就不會招來禍患。能克服私慾，自然什麼禍害對你都是無可奈何的了。

勤儉就能夠約束自己，能夠約束自己，一切好事都會湧現出來；侈奢必然放縱自己，一放縱自己，一切壞事便會得以滋長。

四十五、處世須因時制宜

處治世宜方，處亂世宜圓，處叔季世，當方圓並用。

世有治亂，須因時制宜。例如，在太平盛世，處事為人應該講求方法原則，守正不阿。至於亂世，則應彈性圓融，獨善其身，才免遭難。而混沌末世，則應方圓並濟。以因應變化。

在企業界也是一樣，為使公司經營得法，業務蒸蒸日上起見，在管理方面，須使職員遵守公司規章，和得力的領導人才密切配合，如此才能使大家互蒙其利。

一旦公司組織老化，派系鬥爭迭起時，為人手下者，宜做個處世能手、八面玲瓏，不製造敵手，才是聰明的辦法。

至於公司營運狀況到了青黃不接時，則需堅持理念和方向，以全天候的積極工作態度，應付情況變化，才能轉危為安。

人生就像花兒上露水那樣短暫，人應珍惜年華，奮發圖強。人生在世能有幾個今日，如果今日的事情不努力去做，那實在太可惜了。

四十六、辨明功過恩怨

我有功於人不可念，而過則不可不念。人有恩於我不可忘，而怨則不可不忘。

人生在世，不論是律己或待人，關於功過恩怨能清楚辨別，那麼，就可立於不敗之地。

予人有恩惠，不去求回報。但人有恩於我時，絕對不可忘記。自己對不起他人不該忘記，他人有怨於我，則應淡忘。

施恩求報，受怨則忘不了，這是人之常情。但是，仔細反省，可以發現這是由於缺乏誠意與一顆寬容的心所致，如能設身處地為他人著想，這個社會將更溫暖而祥和。

用金錢所交朋友，待錢財花光時，友誼就會斷絕；以圖美色而結合的，待人老珠黃時，愛情就會消失。

對人有一點好處的事，都要去做；對人有一點壞處的事，都不要去做。一點不好的念頭都不能原諒自己，這就稱得上是善於修身。

四十七、施恩不求報

施恩者，內不見己，外不見人，則斗粟可當萬鍾之惠。利物者，計己之施，責人之報，雖百鎰難成一文之功。

施恩予人，不要老是記在心裡，要求回報，即使只是一斗粟米而已，卻有萬石的價值。如果老計算著自己所付出的，或要求他人回報，那麼，即使給了對方萬兩黃金，也不值一文錢了。

社會上有些善心人士，往往在他人有急難需要幫助時，適時出現解除他人的危機，卻只是默然的留下「無名氏」三個字，而予人無盡的感恩之情。這是何等偉大的情操！

但，也有一些偽善者，施恩是為了沽名釣譽，提高自己的知名度。更有些寡廉鮮恥者（所謂的金光黨）利用人性「貪」的弱點，施予小恩惠而騙取鉅款，這兩種施恩的動機不純，傷廉害義，實在不堪稱之為人了。

四十八、如何利用環境

人之際遇，有齊有不齊，而能使己獨齊乎。己之情理，有順有不順，而能使人皆順乎。

每個人所處環境的條件皆不相同，想要畫一條平均線，是不可能的。而人的脾氣往往隨著環境的改變而有所變化，處順境則高興，處逆境則悲哀，這是人之常情。

如何順應環境，掌握環境甚至戰勝惡劣的環境，才是重要的課題。處逆境不自暴自棄，反而更加警惕自己，充實磨練，以備再次出發，如此一來總有成功的一天。處順境，則不可驕矜自滿，以免樂極生悲。所謂的「生於憂患，死於安樂」就是這個道理。

高明的棋手總是慎重地考慮每一步棋，要是一著失敗，便會滿盤都要輸掉。人要想成功一件事，應當慎重處理每個環節。

四十九、不要歪曲古人善行美言

見一善行竊以濟私，聞一善言假以覆短。

古人遺下的善行美言，是人類精神文明的表現，是處世做人的金玉良言及良好典範。後人讀之，動機宜純正，態度宜謙恭，以古人的善行名言做為自己修養向上的依據。

但是，也有許多人不然，他們往往以古人的善行名言做為達成欲望的指針，甚或用為將自己的惡行合理化的口實。

例如，古今中外一些寡廉鮮恥的野心政客，為了濟私護短，博覽與權術有關之書，滿口仁義道德，說得冠冕堂皇，光風霽月；所做所為卻極盡卑鄙齷齪之能事，玩弄權術於股掌之上。

小人因為小的好事，益處不大就不去做，因為小的缺點沒有大危害，就不去克服它。作者有感於此，奉勸世人莫被利慾薰心。一念之間可為聖賢，也可為遺臭萬年的小人，不可不慎哪。

五十、寧為拙者

能者勞而府怨。何如拙者逸而全真。

能者爭利貪得，容易和人結怨。不如拙者獨善其身，保持全真。

能幹的人，表現傑出，往往會受到讚賞，但也可能種下禍因，遭人忌妒。或是與競爭對手計較輸贏而結怨。倒不如拙者安於現況，不與人爭短長，不埋怨也不羨慕他人，反而能安逸過一生。

屈大均的《出塞作》中說：「忍恥古所尚，留侯亦迍邅。」意思是：處境惡劣暫時忍受恥辱，這是自古以來都受到肯定的。張良當年不也經過一段艱難困苦嗎！人要經得起艱難的考驗。

人在處理事情時，能分清其主要與次要，能正確地加以權衡，就會免去很多後悔。凡事也能一帆風順。

五十一、不可迷失本性

人心有一部真文章，都被殘編斷簡封錮了。有一部真鼓吹、都被妖歌艷舞湮沒了。

心不寧靜，則智慧全失。人心中本有一部真文章，也就是與生俱來的理性，但往往被一些假知識所蒙蔽，而無法發揮其價值。

人心中本有老天所賦予的感性，但卻被一些莫名其妙的所謂藝術所湮沒，而無法發揮高度的洞察力及創造力，實在可惜。

固然，人應不斷增長智識，培養高尚情操，但不可因外物所影響，而迷失了純真本性，宜秉持天賦的理性和感性，排除心中雜念。

那些花言巧語來討人家高興的人，只想到使人家喜歡自己，而不知道人家會輕視自己；那些用大話來誇耀自己的人，只想使別人羨慕自己，而不知道人家會嗤笑自己。

五十二、人生如花

富貴名譽，自道德來者，如山林中花。自是舒徐繁衍。自功業來者，如盆檻中花。便有遷徙廢興。若以權力得者，如瓶缽中花。其根不植，其萎可立而待矣。

人人都希望擁有功名富貴，然而它的取得及其價值卻迥異不同，可以各種不同的花來譬喻：

處世待人全憑道德良心，以高尚人格而得到的富貴，就像山野中開的花，自然繁茂，可以久長。

如果是由所建立的功業伴隨而來的，則有得必有失，就像盆栽的花，端視主人照料的恰當與否。因為盛衰興廢是自然的循環。

如果是利用權勢而得來的，必轉瞬即失，就像瓶中的花，很快就凋萎了。

可見唯有高尚的人格，才能使富貴名譽鞏固不移。

五十三、人生的意義

士君子幸列頭角，復遇溫飽，不思立好言行好事，雖是在世百年，恰似未生一日。

春天到了，花兒開放，鳥兒歡唱。然而，人類呢？人類愛好財寶、名利，過著優渥的生活，就像花鳥在春天特別茂盛雀躍一樣。

但是，如果只是物質生活優裕，對社會毫無貢獻，不過是個行屍走肉罷了，即使在世上一百年，也像是未曾活過。

人生以服務為目的，人得以在社會生存甚至飛黃騰達，主要是糾合群力所致，如不思回報，立功、立言，何異於禽獸之掠奪他人的心血而不以為恥？

現代社會一些企業鉅子於功成名就之後，廣施功德，諸如興建圖書館，嘉惠學子；捐贈救護車、消防車以利民便；提供獎學金，鼓勵後進等，皆足堪表率。

一個人的心靈美好，就會從外表表現出來，任何事物都不能掩蓋它。能努力改造自己，就是智力過人的表現。

五十四、不要沽名釣譽

真廉無廉名。立名者正所以爲貪。大巧無巧術。用術者乃所以爲拙。

治身以廉潔，就可算是遵守道德了。治事以巧，卻是竭盡自己的智能。如果只是為了沽名釣譽才廉潔，這表示他的貪念太重，弄巧反成拙。

有一天，一休禪師帶著小和尚散步，途中經過一家燒鰻店，香味四溢，禪師忍不住說：「好像很好吃哦！」然後繼續向前走。過了二、三里路，小和尚小心翼翼地問禪師：

「出家人可以說這樣的話嗎？」

一休禪師笑著說：

「怎麼，你還在想著鰻魚？我早在店前就把它忘了！」

有些人故意表示自己清高廉潔，以博得他人的讚賞，事實上，就和這位小和尚一樣，是貪念太重了。

五十五、水滿則盈不可不慎

欹器以滿覆，撲滿以空全。故君子寧居無不居有，寧處缺不處完。

所謂「欹器」是指一種尖底瓶，只可放半瓶水，放得太滿就會傾倒溢出，在『孔子家語』中曾說這是古代天子引以為戒的東西。

撲滿則是小孩存錢的豬，到了存滿之時，就難逃被宰的命運。人生也是如此。日本藤原道長曾作了一首膾炙人口的詩：

「這個世界就是我的世界，但也只是一時的盛況而已。」此詩作於寬仁二年（一〇一八年），此後他就家道中落了。

藤原有三個女兒都貴為皇后。但由於捲進關東兵亂，而被迫罷官，一切的榮華富貴都成為過眼雲煙，家人也都相繼病死。物極必反，為人處世不可不慎。

組織或個人，如果充滿百分之百的慾望，那是非常危險的。以腳尖來立足，是何其不安定，失去平衡的衝擊，勢將搖搖欲墜。

什麼事情只求七、八分，這種養心方法，在一生中有其必要。

五十六、利人濟物應有純正的動機

名根未拔者，縱輕千乘甘一瓢，總墮塵情。客氣未融者，雖澤四海利萬世，終爲剩技。

如果不能將名利的慾望連根拔除，縱使你拋棄富貴而安於貧窮，仍然難以擺脫俗情。

利人濟物而功名垂世，如果是出於功名心，這些善行也不過是達成目的的手段而已。像這種沽名釣譽為動機所行的善只是偽善，反而為人所不恥。

在功利主義的價值觀念下，人們顯然笑貧不笑娼，認為功成業就者就是懂得人生意義的成功者，卻不在意其成功的動機與過程，這種價值觀念，實在令人憂心不已。

用盤子裡的水照影，臉是圓的，用杯子照影，臉就變成長形了。這說明了同一個問題，在不同的環境或從不同立場看，就會得出不同的結論。

五十七、真正的快樂

人知名位爲樂，不知無名無位之樂爲最真。人知饑寒爲憂，不知不饑不寒之憂爲更甚。

人們以擁有名利和地位為樂，殊不知沒有它們才能得到真正的快樂。許多人為饑餓、寒冷擔憂，卻不知飽暖更易令人憂心。

人往往為了追求人爵而拋棄了天爵，得到名利地位之後，往往利慾薰心，無所不為，做出悖禮喪義之事。倒不如先修天爵，砥礪完美的節操，而後人爵自然會到來，既有了完名美節，就不致被私利所蒙蔽，當然能得到真正的快樂。

飽暖思淫慾，此乃人之常情，然而物質慾望滿足之後，往往帶來嚴重的不安和煩惱，不可不慎哪！

左思《詠史八首》中說：「貴者雖自貴，視之若埃塵。賤者雖自賤，重之若千鈞。」意思是：富貴的人雖自以為高貴，我卻把他看得像塵埃一樣輕；卑賤的人雖自以為輕賤，我卻把他看得如千鈞一樣重。亦即尊重應該尊重的，就會受到別人的尊重。

五十八、偽善不如真惡

爲惡而畏人知，惡中猶有善念。爲善而急人知，善處卽是惡根。

意思是說做壞事時，心裏猶存有顧忌，可見其天良還未泯滅，而做善事唯恐人不知的，並非真心做善事。

做了壞事，深怕被人發現的心理，往往可成為反省和改過的動機，仍有向善的可能。

而做善事唯恐別人不知道，以此為沽名釣譽的手段的，最為可恥。

不做不正直的事情來討好世俗；不用欺騙的手段來求取名譽。牆的隙穴不先去堵住，僅僅追求其漂亮美觀，而給它塗飾紅白的土漿，結果一點也不頂用，一旦暴風疾雨來了，就要倒塌了。

不要接受不真實的名譽，不要希望得到不應得的富貴，不要在正義需要犧牲自己生命之時卻苟且偷生。

五十九、君子寧拙勿巧

十語九中，未必稱奇。一語不中則愆尤騈集。十謀九成，未必歸功。一謀不成則訾議叢興。

所謂「愆尤」是指犯錯。「訾議」是指非難的議論。

人總是律己以寬，責人以嚴，如果你預測事物十之八九都命中，別人會認為理所當然，但是，稍有一件看錯，就會遭到責備。

所擬定的計劃大部分都成功，並沒有受到絲毫的讚譽，稍有一件不成，非難毀謗卻往往立即降臨。所以君子寧默勿躁，寧拙勿巧。

在組織中，不要暴露自己的先見之明，也不要誇耀自己的企劃能力，寧可功成不居，讓上司去邀功，才是明哲保身之道。

眼界狹小的人，喜歡嫉妒別人。唯有能夠虛心求師，努力積德的人，就不怕沒有崇高的名聲，天地從來就不會偏心的。

六十、堅苦中的經驗才彌足珍貴

一苦一樂相磨練，練極而成福者，其福始久。一疑一信相參勘，勘極而成知者，其知始真。

飽經憂患而得來的幸福才能大而持久。閱歷深的，見解才深。

日本相棋名人大山康晴永世曾說：

「我至今仍感幸運的是，在我磨練棋藝期間，能夠承蒙升田幸三先生嚴厲的指導，才使我有今日的小小成就。還有，我認為學習任何事物，在修業期間，如果沒有強勁的競爭對手而順利畢業，是不可能有傑出表現的。」

的確，人生在世，無論是知識的充實，技術的訓練，人格的修養，須經過刻骨銘心的過程，所得來的經驗才能久長，不易動搖。

人應該順應時代的潮流，但不可趨附時尚。一個人常常檢查自己的錯誤，然後才能改正；心意困苦、思慮阻塞，才能有所發憤而創造。

六十一、要保持心境調和

心不可不虛。虛則義理來居。心不可不實。實則物欲不入。

心不可不虛，也不可不實。這是說，心中無雜念，可孕育出理性和正義感；若心中充滿了理想，就不會使慾望乘隙而入。

這句話一則以虛，一則以實，看似矛盾，其實是一體的兩面。如能理解何者當存，何者不當存，便能明白其中道理。

心中不當存的是自以為是的偏見，若存之，就顯得固執不通，無法察納雅言，當然就無理性和正義感可言了。

心中當存的是正義感、美感、求知慾等等，當這些慾望佔滿心田，人格自然提升，一切外物便不易侵擾了。

放任自己的情緒而違反客觀規律，付出再多的勞力也不會有收穫。只是一意相信自己，專憑自己的能力辦事，辦法必然有窮盡之時。

六十二、因材施教的重要性

泛駕之馬，可就驅馳。躍冶之金，終歸型範。只一優游不振，便終身無個進步。

雖是匹烈馬，只要好好加以調教，仍可成為一匹好騎座。經燃燒而熔化的金屬才能倒進模型中。

人也是一樣，行為舉止雖然放蕩不羈，但只要施以良好的教育，因材施教，仍可使他充分發揮潛能，而成為出類拔萃的優秀人才。

相反的，如果只是委靡不振，馬虎度日，是不可能有什麼前途可言的。

現代社會有許多問題兒童、問題青少年，因為家庭環境及教育等因素，好勇鬥狠，打架滋事，為非作歹，其行固然可惡，然而其情可憫，如有社會問題專家予以開導，前途仍有可為，不致自暴自棄，自毀前程，而為社會國家之不幸。

成功與失敗，本來就不是一成不變的；正確還是錯誤，要慢慢去觀察。亦即，人遇失敗時不可灰心失意，而要仔細思考，認真吸收經驗。

六十三、使人墜落的貪慾

人只一念貪私，便銷剛為柔，塞智為昏，變恩為慘，染潔為污，壞了一生人品。

心中只要有一念貪私，便會迷亂了本性，利令智昏，終至殘酷、無恥。人格掃地。

佛家認為貪是一切苦惱的本源，人類的原罪。鳥獸依本能活著，它們的慾望不過是維持生命和傳宗接代而已，打架則是為了保護自己，以取得食物和配偶。人類則不同，由於永無止盡的貪慾，往往為了一己之利，不惜掀起戰爭，使生靈塗炭，甚至使地球成為慘絕人寰的集中營。

近代高度科技固然可為人類造福，但若被貪慾蒙蔽的野心家所利用，則會成為毀滅人類的武器，現代人不可不戒貪哪！

財利面前不動心，死難臨頭不畏懼。不要見利而有損於大義，寧可犧牲生命也絕不改變自己的志節。

六十四、常保平靜之心

目見耳聞爲外賊。情欲意識爲內賊。只是主人翁，惺惺不昧，獨坐中堂，賊便化家人矣。

只要虛靈不昧，就不會產生雜念，外界的各種刺激便無法侵擾此心。反之，心中有太多的情慾妄念，就會擾攘不安。

心中的情慾意識一旦受到外界聲色的刺激，便會迷亂了本心，因此，人應杜絕妄念，常保一顆平靜之心。

本著平靜之心，進德修業，砥礪節操，無論外界刺激如何誘惑，仍然無害於本心，便可達到超凡入聖的境地了。

雖然狂風吹不到人的心裡，但卻能掀起百尺波浪。人心就像他們的面孔一樣，總是千差萬別的。貪得無厭的人，好像一條蛇想吞下一頭大象一樣可笑。這種人往往利令智昏，一心圖謀侵害別人，然最後必被別人暗算。

六十五、事過境遷不留胸臆

風來疏竹。風過而竹不留聲。雁度寒潭，雁去而潭不留影。故君子事來而心始現，事去而心隨空

風吹向稀疏的竹林後，竹林又回復到原本的寧靜，並不會留下任何聲響；雁子飛渡清冷的潭水後，水面也不會變化，並沒有留下任何倒影。君子在事情來臨時，才顯露出本心，事情過後，本心亦隨即恢復平靜。天地間的變化，自然循環，毫不停滯。君子也應如此，事過境遷，則不留胸臆。

固然，人要完成某件事情應有執著之心，使其圓滿達成目的。但是，對任何事都持過度的執著態度，就顯得眼光狹窄，而無法游刃有餘。自己以為這就是堅持信念，但在他人看來，只不過是偏狹的自我滿足而已。

這種不留胸臆的處世態度，尤其以犯錯之後最應注意，也就是說知錯則改，耿耿於懷，反而妨礙進步。

每個人都會有失策的時候，正像最好的棋手也會偶然輸給別人一樣，一個人如果沒有長遠的考慮，一定會有不久來到的憂患。

六十六、處困境仍不改其操守

貧家淨拂地，貧女淨梳頭，景色雖不艷麗，氣度自是風雅。

人處於窮愁潦倒之際，仍應不改其操守，不墮落喪志，就像顏回飯蔬食、飲清水仍不改其樂。如此才能活得心安理得。

人生際遇無常，難免遭遇困難，但仍應將腳步放穩，反省改過，準備再出發，不可變節，自甘墮落。就像貧窮人家，仍勤於灑掃，井然有序。貧女潔身自愛，雖無豔麗之姿，自然流露風雅氣韵。

否則，一旦變節，則萬劫不復了。

生命是我喜歡的，道義也是我喜歡的。二者不能同時得到，便捨棄生命而要道義。秋天，草木都枯死了，惟獨松柏還活著。

雖然富有和身居高位，但要整天觀人顏色，還不如處於貧窮和低賤的地位，能按照自己的意志行事好。

六十七、做好謹慎獨處工夫

閑中不放過，忙處有受用。靜中不落空，動處有受用。暗中不欺隱，明處有受用。

閒暇、平靜以及處於暗處時，人最容易興起雜念了，如果能做好不欺騙隱瞞謹慎獨處的工夫，便可處處受用不盡。

綜觀古今中外成大功立大業的人，無不是掌握了這個慎獨的哲學，在閒、靜、暗處，常保心靈的澄明，潛心修養生息，治學、研究、坦蕩磊落。一旦時機允許，便充分展現自己的潛能。

吾人如發現自己做事總是四處碰壁，不順遂時，就應該反省，是否荒廢了太多閒暇時刻？或是否有不可告人的欺瞞行為等？逐一檢討，然後改善，繼而做好慎獨的工夫，相信你的人生將會呈現另一番景況的！

六十八、維持純正高尚的動機

捨己毋處其疑。處其疑，即所捨之志多愧矣。施人毋責其報。責其報，併所施之心俱非矣。

當你決心犧牲自己幫助別人時，就要把利害得失之心完全拋棄掉，如果還有所遲疑，便辜負自己的初衷。

給人恩惠不應要求回報，要求回報便失去了施恩的意義，也顯得動機不純。人心多變，發念時的純正高尚之心，往往會受外物的影響，而喪失了原意，以致起了變卦，心生迷妄。終致認為犧牲需有代價，施恩要求回報，玷污當初一片良善之心，實為可惜。

賢良的人財產過多，就會使他意志衰退；愚魯的人財產過多，就會使他的過失增多。真正賢明的人，能克服掉自己的世俗之慾。

小的缺點過失是人人都有的。如果忽略了小處，就會像蟻穴能夠決堤一樣，使自己遭過大禍或造成嚴重的損失。

六十九、人定勝天

天薄我以福，吾厚吾德以迓之。天勞我以形，吾逸吾心以補之。天阨我以遇，吾亨吾道以通之。天且奈我何哉。

天雖刻薄待我，使我勞苦、困阨，我如能處之泰然，修養德行，保持心境的平靜，堅守正道，衝破難關，相信人定勝天的。

古代中國人的思想中，總認為天是無所不能，不可侵犯的，且足以左右人的命運，具有絕對的意志。洪自誠堅決反對這種說法，他認為人可以憑著堅毅的意志力和決心戰勝一切。

事實上，這個觀念極為正確，人類今日得以進步至此境界，無非都是抱持這樣的信念。洪自誠真可謂具有真知灼見的人哪！

原則和道理如不先徹底弄清，聽了許多言論就容易糊塗；意志若不堅強，一遇波折就會動搖不定，從而不能堅持正確的主見。有不可動搖的意志的人，是有所作為的人。

七十、看人祇看後半截

聲妓晚景從良，一世之胭花無礙。貞婦白頭失守，半生之清苦俱非。

歌妓晚年立志從良，年輕時的荒唐並無礙於此時的志節。烈女貞婦到老時失去操守，前半生的辛苦便一文不值。俗話說：「看人祇看後半截」真是至理名言。

人的價值須經蓋棺才能論定，「浪子回頭金不換」，能從良改過，仍可算是有節操的人。晚節不保，則為最可恥也最可憐的人。歷史上有很多例子可資借鏡，改過遷善與晚節不保的人，歷史對他們的評價真是不可以道里計！

如果自己的德行、才學不如別人，就要勉勵自己迎頭趕上。只有善的東西才是真正的寶貝。惟有高尚的行為才是永遠不朽的東西，生命雖然結束了，但它可以流芳百世。不斷實踐的人，就會常常獲得成功；只要努力前行，就會達到目的。

七十一、天爵與人爵的取捨

平民肯種德施惠，便是無位的公相。士夫徒貪權市寵，竟成有爵的乞人。

平民百姓只要能砥礪自己的人格，熱心社會公益，可以說他勝過王侯貴族。相反的，權貴之士如果施權詐以收買人心，無異於乞丐。

孟子將爵位分為天爵和人爵。天爵是指人與生俱有的價值；人爵是世俗的權威地位。人往往在處心積慮得到人爵後便棄天爵於不顧。真是本末倒置。

如能確立人生的價值，當不致利令智昏，被權利慾望所趨使，終至萬劫不復的境地。

在這物質文明極度高張的時代，心靈的機械化也日益嚴重，人們競在物質生活上比美，卻荒蕪了心靈的耕耘。要想祛除好利的偏執，唯有提倡愛人、服役於人，人的心靈才能得到平安。

不要以為美好的青春能夠長在，可以盡情享樂，虛度年華；殊不知一個人很快就會頭髮變白，面皮起皺的。

七十二、偽善的君子不如遷善的小人

君子而詐善，無異小人之肆惡。君子而改節，不及小人之自新。

君子的偽善和小人的肆意作惡，並沒有兩樣。有守有為的君子如果改變操守，反而比不上能改過自新的小人。

臨危變節的君子，反而不如改過自新的小人。過而能改，善莫大焉，是所謂始小人而終君子。

中國在封建社會時，君子不僅是道德文章好的人，同時也是社會地位高的領導階級，對於一般民眾有示範作用及教導的責任。如前所述偽善和變節的人是不堪為人楷模的。

向日葵因為有顆誠心，所以始終向著太陽；杏花和桃花由於軟弱只好任憑風的擺佈。一個有堅貞節操的人，才不隨風搖擺。

蘭花和艾草因氣質不同，所以很難和諧一致。如果蘭花和艾草不加以區別，蘭花發出清香還有什麼用處呢？如果不把君子和小人區別開來，君子的高尚品德有什麼用處。

七十三、如沐春風的家庭教育

如春風解凍，如和氣消冰，纔是家庭的型範。

是說家醜不可外揚，應該適時開導犯錯之人，使他自然而然的改過遷善，這樣才是善於治家者。

一家之主在家人或佣人犯錯時，不可動輒打罵，也不可放任，儘量不要直截了當指責，應用比喻法，使他心領神會，進而覺悟改過，就好像沐於春風，使之解凍消冰。

「春風解凍，和氣消冰」也可為現代的父兄家長與老師的座右銘。摒棄過去權威教育的方式，使下一代在愛的教育中健全發展，才是國家民族之幸。

非洲荒山中有一種鵜鶘鳥，每當乾旱鬧饑荒時，母鳥就會啄取自己胸口的血餵食雛鳥，到最後母鳥因此死了，雛鳥卻得以存活下來。感人的母愛，一直為世人所謳歌。一個擁有母愛的人是幸福的。

七十四、和光同塵以免遭人疑忌

澹泊之士，必爲濃艷者所疑。撿飾之人，多爲放肆者所忌。

孤高則寡合，狷介則見忌，唯有和光同塵的人才能避免遭人疑忌。

現代社會是個群體合作的社會，人就像機器上的小螺絲釘，每一根都有它的意義與價值，唯有充分合作，才能發揮全體的力量，使社會日益進步，蓬勃發展。

如果群體中的某一份子過於曲高和寡，易使他人敬而遠之，陷於孤立狀態。過於耿直，則與人格格不入，如何能維持良好的人際關係，充分發揮個人潛能？

因此，唯有和光同塵，敞開心胸，以寬容的態度與人相處，通力合作，才能各展所長。

人世的一切顛倒妄想都是不實際的，只要保持當下一刻的自在和喜樂，心結自然遠離。『金剛經』上說：「應無所住而生其心。」心是自在、無牽無掛的，一念執著，便很難超越一切我執的牽縛。

七十五、君子當居安思危

居逆境中，周身皆鍼砭藥石，砥節礪行而不覺。處順境內，滿前盡兵刃戈矛，銷膏靡骨而不知。

處於逆境之中，周遭都是苦口的良藥，都足以砥礪節操、磨練身心，但是，人往往並不自覺。

在安逸的環境中，彷彿被銳利武器所包圍，但是，肉被割去卻不覺。也就是說逆境適足以鍛鍊堅強的體魄，處順境反而令人形消骨毀，消磨志氣，所以，君子當居安而思危。

這也是放諸四海皆準的真理。

如能在處於順境之時，體認人生的意義與價值，掌握有利的環境，不斷努力精進，便可立於不敗之地。所謂的「生於憂患，死於安樂」也就是這個道理。

七十六、慎防慾火焚身

生長富貴叢中的，嗜欲如猛火，權勢似烈焰。若不帶些清冷氣味，其火焰不至焚人，必將自爍矣。

生長在富貴環境之家的人，往往躭溺於嗜欲，執著於權勢就好像烈焰一般，如果不帶點清冷的氣味，長此以往，便愁悶多而不識快樂的滋味，終至玩火自焚，不可不慎。

慾望的溝壑難以填滿，永無止境，但是，人往往愈陷愈深而不自知。尤其是在富貴之家成長的人，觸目盡是物慾權勢，以為此即人生的價值與目標，終於被焚於慾望之火中。

紈袴子弟們，何妨自我控制，擴大心靈視野，尋求真正有價值的人生吧！

跳進水裡，卻厭惡衣服被水弄濕了，身上藏著腐臭的東西，而又想得到香味，這根本是不可能的。正如一個人做了壞事，而又想求得美名，這是痴心妄想。

七十七、不崇尚新奇不標新立異

文章做到極處，無有他奇。只是恰好。人品做到極處，無有他異。只是本然。

這是以文章譬喻人品，不必逞奇鬥異，但憑純真的本性。

在市場學的領域內為了強調差別化、特殊化，往往標榜新奇以和同業競爭，而忽略了產品標準化的方便實用，不僅使消費者眩惑，也和使商品壽命縮短。惡性循環的結果，必使此種產品慘遭淘汰的命運，短視近利的業者不可不慎。

經得起時間挑戰的東西，往往是看來平淡無奇的，以文章而言，是作者發自內心的真懇的肺腑之言，方能深深的打動人心。以人品而論，則是憑著一片真誠立身處世，不慕風尚，不隨波逐流的人。

人活著的一生當中，難免有身體的病痛、感情的挫折、事業的起伏等等，這一切誠然令人悲苦，但能戰勝了這一切挑戰，就可使心靈得到無比的喜樂。這正告訴我們：只要肯吃苦，一切的苦難都可化為希望。

七十八、三種做人基本態度

不責人小過，不發人陰私，不念人舊惡。三者可以養德，亦可以遠害。

不譏笑他人的短處，不揭發他人的隱私，不記念宿怨，這些都是做人的基本道德，若能一一奉行遵守，不但可以砥礪高尚的節操，也可以避免災害侵擾。

但是，在目前崇尚標新立異的社會中，要堅守這些信條，談何容易？

試看傳播界，為了滿足讀者、聽眾的好奇心，專門揭發他人的隱私，或者製造低級趣味，或為提高收視率，不惜歪曲史實，這種種劣行，實不足為有識者所容。

談論別人是非、長短的話傳得很快，好像無翅卻能飛，沒有脛骨卻能走。受到大家一致稱贊的，不見得他就是賢人；被群起而攻之的，也不見得他就是壞人。

時代不同，社會情況也會不同，「劣幣逐良幣」，希望大眾的良知不致泯滅至此才好。

七十九、盛時更應戰戰兢兢

老來疾病，都是壯時招的。衰後罪孽，都是盛時作的，故持盈履滿，君子尤兢兢焉。

晚年的疾病都是壯年時不懂得養生之道所造成的。人在志得意滿時，往往種下各種惡根，等到一旦失勢，便得自食其果了。

以企業的盛衰為例，當經濟不景氣或產業結構發生變化時，有的業者立即一蹶不振，有的則在困苦中掙扎，很快便東山再起。其間的差異完全是在企業業績興盛時期就已決定了。

例如，前者在景況好時，就一味增添設備，毫無計劃性的增設新部門，甚至向人借錢週轉，徒使利息負債增加，一旦受到外界的經濟風暴影響，便陷入嚴重虧損狀態，積重難返，終至一蹶不振了。

因此，無論個人或組織，在持盈履滿之時，更要戰戰兢兢，小心謹慎才是！

八十、勿因一念之差遺羞萬年

公平正論不可犯手。一犯則貽羞萬世。權門私竇不可著腳。一著則玷污終身。

巧立邪說，譁眾取寵，歪曲了正論，難免為人所唾棄，遺羞萬年。對權貴之士搖尾乞憐，飽營私囊，徒然玷污了清白和自己的人格。

以上兩種惡行，不外是為了一己的私情和貪圖小利所致。人的理智一旦被私利蒙蔽，便無所不用其極，任何寡廉鮮恥的勾當都做得出來。在最初只是一念之差，然而這一念之差，便足以使人萬劫不復了。

因此，面對千變萬化的外界誘惑，人不可以不謹慎把持住啊，免得墮入萬丈深淵，後悔莫及！

每個人都有陽剛的一面，也有陰柔的一面。做事或待人剛與柔要併用，一味剛直，或一味懷柔，都不免僨事或招人物議；尤其在這日趨複雜多變的社會，我們更要善用剛與柔，相信在任何時地，都不會給自己招來麻煩。

八十一、不曲意逢迎，無視不實的稱讚

曲意而使人喜，不若直躬而使人忌。無善而致人譽，不若無惡而致人毀。

與其委屈自己的意願，去逢迎他人，喪失了人格尊嚴，不如依循正道而行，示人以光明磊落的氣概。言過其實的讚譽，於己無利，不如求全的毀譽，反而可令對方反省。

詩人北原白秋有首詩：

「被人家稱讚時，內心很高興，被人指責時，內心就很悲哀。」

這是人之常情。君子行事磊落坦蕩，不受外界的毀譽影響，因此，不實的稱讚與毀謗，絲毫無損於君子的人格。

虛偽是一種精神上的化裝，虛偽的人每每言不由衷。就像「千面郎君」，人前說人話，鬼前說鬼話。虛偽是一種自虐，現代人很注重生活享受，有的人經濟能力較差，但為了表示自己「行」，而「打腫臉充胖子」，結果入不敷出，天天為債務煩惱。聰明的人，寧可坦蕩磊落，也不要為了虛偽作賤自己。

八十二、真正英雄所應具備的條件

小處不滲漏，暗中不欺隱，末路不怠荒。纔是個真正英雄。

即使是細微末節也絲毫不馬虎。處於別人看不見的地方，也絕不做昧於良心的事。到了窮途末路仍堅持奮鬥不懈怠。能做到這些才是真正的英雄。

人生在世，不應以成敗論英雄，所謂的英雄不只是有叱咤風雲的大事業而已，而是要能在閒居獨處時，心胸坦蕩，沒有卑鄙無恥的行為；日暮途窮時，沒有窮愁潦倒的醜態，才是英雄本色。

反觀中外古今，不少本可成就一番豐功偉業而成為英雄者，只因利慾薰心，以致晚節不保而為千秋萬代所唾棄，實在可惜呀！

燒煉金丹要經過九次，才能達到最高的境界；好鋼也是用普通的鐵不斷提煉成的。人也是要經過不斷的鍛鍊才能成材。能堅持志氣的，就能成就高尚的德行，有了德行，自然就能產生智慧。

八十三、不炫己才

藏巧於拙，用晦而明，寓清之濁，以屈為伸。

不論他人如何譏諷自己笨拙無能，也不要顯得聰慧靈巧，寧可隱藏才能，不要鋒芒畢露，待時而動；處濁世時，不出風頭，努力砥礪節操，採取低姿態，隨時準備起飛。

以上看似消極的處世態度，卻是作者透露的面對命運未卜的前途的處世法寶，安身立命的良方。

識時務者為俊傑，如果此時仍標榜自己的才能，恐遭殺身之禍，不可不慎。

這是中國人處亂世的特殊智慧。

每一個人來到這個世界，都有其個別的任務，而這個任務並不光是為了自己，心量大的人兼善天下，心量小的人則獨善其身。但在今日人際交接頻繁的社會，獨善其身畢竟是一種自私的想法，對於社會、國家無法產生積極的影響力，更無法將自我的潛能充分開發出來。

八十四、人無遠慮必有近憂

衰颯的景象，就在盛滿中。發生的機緘，即在零落內。

物極必反，水滿則盈，到達巔峰往往是走下坡的開始，美玉總是生在危險的枯崖邊。所以，君子處於順境，當思逆境的應變之道。

我想這個道理，不論引用於人生過程的任何事物上，都有無比重要的啟示。以健康來說，人體的老化現象是從二十五歲還正當盛年就開始了，事業達於巔峰時，往往潛伏著衰敗的因子，諸如人事的僵化，管理制度的不合時宜，一旦面臨內憂外患，情勢改變，就瀕臨崩潰。

因此，立身處世，順風滿帆時，就應未雨綢繆，想到逆風時該如何應付，才不致坐視失敗而束手無策。

在小的事情上都能隨時注意，所以能避免大患。做小事情而能堅持到底，大的事情才有可能取得成功。為人剛正的人，永遠立於不敗之地；功大不深的人，難以登堂入奧。

八十五、崇尚風潮者無遠大見識

驚奇喜異者，無遠大之識。苦節獨行者，非恆久之操。

只喜歡標新立異的事物，一定難有恢宏的氣度，遠大的見識。刻苦修行不近人情的人，他的操守一定不能持久。這種人只是將目的與手段混淆的理想主義者。

例如，由於傳播媒體的大肆宣傳，許多人便盲目地添購一些費而不惠的食品或用品，堆得滿坑滿谷。時日一久，流行風潮消退，又棄之如蔽屣，勞民傷財卻毫無所獲，實在可惜。

至於獨裁者，往往不信任他人，總是獨攬一切事物，自己疲於奔命而沒有事功，周遭的人則投閒置散，毫無幹勁，像這樣毫無方法與效率的處世態度，實在不堪為大器。

我們在做事的時候，應該以「我要」代替「我想」，努力去做，不計成敗，那麼，生命將會豐富又踏實。「我想」是不實際的，說一丈不如行一尺，唯有在行動中才會呈現得更多采多姿。

八十六、達成圓滿人際關係四要件

毋偏信而為奸所欺。毋自任而為氣所使。毋以己之長而形人之短。毋因己之拙而忌人之能。

不要盲從聽信他人意見，這樣容易被奸邪者所欺騙。不要過於自信獨斷獨行，以免被情感所驅使。不要炫耀自己的長處。也不要妒忌他人的才能。

以上四點是達到圓滿人際關係的要件。也是作者提示有關處世的金玉良言。忠言逆耳，往往不被人所採信，而口蜜腹劍的讒言，即使聽者甘之如飴，使得野心家得逞其計。堅持己見獨斷獨行，自我炫耀及妒忌他人等都是妨礙進步的絆腳石，無法和他人溝通合作，增廣見聞，只是畫地自限，閉門造車，難以建立良好的人際關係。

樹高了便容易被風搖撼，人因出名而身價高貴，但名也能毀掉一個人。因為名聲大、地位高的人，容易被人嫉妒，又因為覺得自己了不起，而看不起別人，得罪人太多，而招來不幸。

八十七、遭受傷害打擊時如何應付？

覺人之詐，不形於言。受人之侮，不動於色。此中有無窮意味，亦有無窮受用。

發覺他人狡滑詭詐，或是自己受人輕侮，甚至為謠言中傷，都不形於色，這種應付的態度之中，有無盡奧妙的哲理。

人是感情的動物，受到傷害必然難過，遭受冤曲必想辯解。但是，這樣非但於事無補，反而大快詭詐者之心，而伺機擴大傷害的程度。

倒不如視而不見、聽而不聞，裝作不知道，或許可以減少受傷的程度。

基督教聖經『約伯記』中的約伯，是位信心誠篤的人，他貧謝天，富也謝天，即使魔鬼用喪子和使他渾身長疥瘡的病痛來試煉他，他也不失掉對上帝的信心，他說：「人生在世必遇患難，如同火星飛騰。」最後，連魔鬼都知難而退。

在日常生活中，我們經常遇到許多棘手的難題，如果我們也能學約伯，無怨無尤，凡事盡其在我，那麼，難題必成為鍛鍊心智的利器，事事亦可迎刃而解。

八十八、防人之心不可無

害人之心不可有，防人之心不可無。此戒疏於慮也。寧受人之欺，毋逆人之詐。此警傷於察也。二語竝存，精明而渾厚矣。

「害人之心不可有，防人之心不可無。」如此才能免於遭難。「寧受人之欺，毋逆人之詐。」才是圓融的處世態度。

意思是說人心隔肚皮，對人毫無警戒心，容易上當甚至遭難。但是，過於戒備森嚴，滿懷猜忌之心，懷疑周遭的一切，又矯枉過正，無法心安理得過一生。

洪自誠認為宜將以上二種處世態度合而為一，剛柔並濟，不輕易相信他人，但是，也不任意猜忌，培養正確的判斷力與濃郁的人情味，不斤斤計較，如此便能坦蕩於天地之間。

辦事如果出以公心，就能暢通無阻；私字當頭，就處處碰壁。弓拉得太滿了就會折斷，月亮太圓時就會虧缺。做任何事情超過一定限度，就會走向反面。

八十九、不譁眾取寵也不做應聲蟲

毋因群疑而阻獨見。毋任己意而廢人言。毋私小惠而傷大體。毋借公論以快私情。

不要因為眾人的疑慮、無法接受，而歪曲了自己的意見，也不可不顧他人的看法，固執地堅持己見，不要因為貪圖一點小惠，損害了團體的利益；也不要假借輿論的力量，來逞自己的私情。

儘管現代已是民主時代，但真正能在工作或學問上，以民主方式進行研究討論的並不多見，也就是說民主思想未臻成熟。不是感情用事，為反對而反對，為私利而譁眾取寵；就是如應聲蟲般的一味迎合眾人，毫無主見。

洪自誠真可謂是真知灼見的人了，這一段思想，用於現代，仍屬顛撲不破的真理，呼籲一小撮野心份子，別再做迷夢了，那些小伎倆早為有識之士看穿。何不察納雅言，做個真正的民主鬥士，萬古流芳！

九十、不輕易批評他人

善人未能急親，不宜予揚。恐來讒譖之奸。惡人未能輕去，不宜先發。恐招媒孽之禍。

和他人交往未到推心置腹的階段，絕不對他人妄加稱讚，因為等到發現他是挑撥離間的小人時，就後悔莫及了。

明知此人非善類，在和他斷絕往來之前，絕不罵他或揭發他的惡行，以免遭到謀害。

兩個意氣相投的人，聚在一起，難免會犯了批評第三者的毛病，這是非常危險的。禍從口出，說者無意，聽者有心，一旦傳揚開來，就成為眾矢之的。因此，絕不可輕易批評他人。

說話是一門藝術，不當的稱讚或批評，將會為自己帶來無窮的禍患，好逞口舌之快的人不可不多加注意。

九十一、化解人際間的愛憎妒忌

炎冷之態，富貴更甚於貧賤。妒忌之心，骨肉尤狠於外人。

愛與憎的情感，富人較窮人強烈，愈是有地位財富的人，愈對所掌握的人情感執著，而且猜疑心也愈大。至於忌妒之心，則親戚較外人厲害。和外人有利害紛爭，大不了不相往來，但是和親戚也如此的話，易受輿論的批評。

人與人之間若無利害關係則已，否則將為地位、財產及名利競爭不已。洪自誠有感於此，奉勸大家，與人相處時，虛心誠懇，不輕易傷害他人，使社會更祥和。

人世間的名利權勢，猶如白晝的喧囂，轉瞬即逝，而短視的凡夫，卻誤以短暫的聲聞富貴為永世不磨的東西，如蠅附羶，苦追不捨，落得身心俱疲，招來無窮煩惱。

九十二、信賞必罰

功過不容少混。混則人懷惰墮之心。恩仇不可大明。明則人起攜貳之志。

對於部下的功勞或過失，不可稍有混淆，一混淆就會使人產生疏懶怠惰的心理；恩德和仇恨不可過於明顯，太明顯就會使人懷有二心，想要背離。應秉持信賞必罰的原則，毫無徇私包庇。

有些上司只憑自己的好惡對待部下，賞罰不明，使得部下對工作沒有責任感，怠惰懶散，只圖應付了事。甚至使得組織中的人際關係四分五裂，黨派林立。終致分崩瓦解。

因此，信賞必罰是為人主管必備的處事原則，深深影響民心的向背及公司業績的成長。

最會駕車的車夫，不會頻繁地鞭打拉車的馬匹；最會治理國家的人，不採取嚴酷的懲罰方式。對罪犯不隨便赦免的國家，它的刑罰必然不會過分嚴峻；大量搜括人民財物的國家，必定會使國家的財政收入越來越少。

九十三、慎防本末倒置

德者才之主，才者德之奴。有才無德，如家無主而奴用事矣。幾何不魍魎猖狂。

主人道德高尚，佣人勤勞能幹，才能使家庭井然有序。如果一個人徒有才能，卻做些違法亂紀的事，就好像主人不在家，佣人就偷懶，隨便一樣，人心中反成了妖魔鬼怪肆無忌憚惹事生非的地方，豈不可怕！

才能視其使用方法不同而發揮不同的功能，就好像兩面皆有刃的劍一樣，愈是銳利它的功能及危害就愈大。

近代高度科技是匯集了許多人的才能而發展成的，而它將會為人類帶來幸福或禍害，端視人類是否能發揮智慧與道德而定。如果不幸人格和才能分離，將使世人墜入毀滅的深淵，現代人不可不慎啊！

為政的人處理政務，最要緊的是用人得當，假如用非其才，國家必然難於走向安定。

九十四、為對方留一線生機

鋤奸杜倖，要放他一條去路。若使之一無所容，譬如塞鼠穴者。

在掃除惡黨或野心家時，仍應為他們留一條生路，因為，如果趕盡殺絕，使他們無處可逃，他們將如袋中的老鼠，為了生存，可能會咬破袋子。

日本明治元年五月，躲在上野的彰義隊，被近代裝備的官軍包圍。當時，從上野到根岸的電線全被切斷，政府軍便在位處兩地之間的芋坂留了一條通道，使很多彰義隊員得以逃生，減少了雙方人員的傷亡。

固然戰時敵我分明，但官軍想：既然同為日本人，何必趕盡殺絕，不如放他們一條生路。此舉成為日本歷史上的一段佳話。

惟有自己的心胸開闊，才能對人寬容；惟有自己良知忠厚，才能容納別人。現代人，在日常的人際關係中，也絕不可把對手逼得走投無路，不妨適時藉口放他一馬，或許可以促進人際關係的發展。

九十五、可共患難，不可共安樂

當與人同過，不當與人同功。同功則相忌。可與人共患難，不可與人共安樂。安樂則相仇。

俗話說：「有福同享，有難同當。」洪自誠卻以為雖然有功與人同享是和睦的根本，但是，最好有過時，獨自擔待，有功則不居功，以免遭人所忌。

曾問一個年輕的，工作充滿幹勁的薪水階級的朋友：「你希望在那一類的上司手下做事？」他說：「要能信任我，而且有困難時肯背黑鍋的上司。」但事實上，這樣的人恐怕不多見吧！

患難與共，一般人尚可辨別，但是安樂共享，則易產生糾紛，甚至反目成仇。處世、交友不可不慎。

安閑享樂就像毒藥一樣害人，因此，不能存有貪圖享樂的念頭。修養意念最好是減少私慾。

九十六、待人處世不可短視近利

饑則附，飽則颺，燠則趨，寒則棄。人情通患也。

飢餓的時候，就會依附人家哀求溫飽，吃飽了便遠走高飛。看到別人富貴，就急於攀附；看到別人貧賤就棄之不顧。這是一般人的通病。

「貧在鬧市無人問，富在深山有遠親。」說明了人情的冷暖，此處暫不以道德觀點加以判斷。但是，處世過於現實，於人於己皆不利。

佐賀在『葉隱』中曾說：「見人心，思患難」。意思是說當你生病或失敗時，仍和你維持往來的人，可算得上是真正的好人了。

同理，在商場上也如此，以前曾有個某機械零件公司的董事長說：「當機器上市，銷路好，產品一時缺貨，仍然要客氣的和顧客解說，何時可有新貨。最重要的是產品賣出後，要做好售後服務。」

這是短視近利、現實的商人所難以辦到的。

九十七、知性和德性的關係

德隨量進，量由識長。故欲厚其德，不可不弘其量。欲弘其量，不可不大其識。

人的道德，隨著包容力的大小而提升，包容力則隨著知識的增長而擴大，所以要想道德提升，必須有恢宏的包容力，及多聞博學，也就是說，知性和德性有密不可分的關係。

或許有人會不以為然，認為某些未曾受過教育的鄉野小民，遠勝滿腹經綸卻胡作非為，仗勢欺人的人，固然這也是事實，但卻未必盡然，不可以偏概全。

試看古今中外的偉人聖賢，具有卓越的洞察力及同情心的，都是由豐富的人生經驗和教育累積而成，故能成就不凡的經國大業，為世人所景仰。

人的生命是有限的，知識是無邊無際的。人們應珍惜有限的生命，學習更多的知識。奉勸大家不要疏忽了自我砥礪以培養高尚的人格。

九十八、短暫與永恆的區分

事業文章，隨身銷毀。而精神萬古如新。功名富貴，逐世轉移。而氣節千載一日。君子信不當以彼易此也。

不管事業文章多麼顯赫，總會隨著肉體的消滅而蕩然無存。至於精神，則可常保如新。

聲譽和財富，會隨著社會變遷而失去價值，至於節操雖歷經千秋萬代，仍然可貴。君子絕不可捨本而逐末。

現代社會物質生活豐裕，產品日新月異，大量生產，隨用隨丟，便宜方便，因此，物品的壽命愈來愈短。

人也如此，由於醫學發達，人類的壽命不斷延長。但是如學者、藝術家等留存的精神文明，與藝術遺產已愈來愈不可多得。這點，身為現代人不可不深思啊！

九十九、真誠和圓滿的協調能力

作人無點真懇念頭，便成個花子，事事皆虛。涉世無段圓活機趣，便是個木人，處處有礙。

做人應該抱持一片真誠的心，否則將如叫化子，靈魂之中空無一物。處世必須有靈活圓滿的人際關係，否則就如同木頭人，做事處處碰壁行不通。一個人如果口蜜腹劍，缺乏誠心，當他人受騙上當後，必然產生警戒心，不再與其為友。

有些人遺世獨立，不與他人往來合作，在社會上，就顯得孤立無援。因此，必須兼備真誠之心和圓滿的協調能力，使得他人肯信賴合作，才能集思廣益，成就一番大事業。

一個心中無愛的人，宛如燈中無鎢絲一般，他無法發光發熱、造福人類。哀莫大於心死，愛是心靈的潤滑劑，個人只要心中懷有愛，就不至於為非作歹、貽害世人。

一〇〇、功成身退才合乎自然之道

謝事當謝於正盛之時。居身宜居於獨後之地。

本章是規勸世人，最好在盛年時期就退休。

『老子』第九章說：「自滿過分，不如適可而止；鋒芒太露，勢難保持長久。金玉滿堂，往往無法保守；富貴而驕，必定遭致災禍；功成身退，始合自然之道。」

這段文字說明了東方人的人生觀。但是在社會生存，難免競爭，一旦到了飛黃騰達之時，必定遭人覬覦。與其成為眾人妒忌和羨慕之的，不如及時隱退。

這樣做不但合乎自然之道，且可為後進開一條生路。

退休後，應遠離名利爭逐，度個安祥的晚年。

私利能使人的心變蠢，以致喪失權衡是非能力。一種弊害的萌芽，往往隱存在思慮所不到的地方。立身成功還是失敗，是由如何對待環境的影響所決定。人生貴於能夠誠摯篤信，具有高尚的德行，勝過手中拿著黃金。

一〇一、切勿忽視小事

謹德須謹於至微之事。施恩務施於不報之人。

謹守道德，必須從最細微的事情做起，施予恩惠，必須施予那些沒有能力回報的人。

要提高辦事的能力，就必須從注意細微之事開始。一個好高騖遠的人，很可能因為過於疏忽周遭的小事而壞了大事，到頭來一事無成。

相同的道理，即使只是小小的恩惠，我們也不能忘記向幫助我們的人致謝。對於那些有恩於我們的人，要時常心存感激，一旦聽到對方生病，應該立刻去探訪，即使忙得分不開身，也要捎個信去慰問。

以上是在說明，一個人的應對能力應從日常生活培養起，以便將來真的遇到大問題，也能從容不迫，採取正確的對策。附帶說明的是，若經常期望他人回報自己的恩惠，必然經常陷於失望的深淵中。俗語說：「施比受有福」，所以我們又何必殷殷企盼他人的回報呢！

一〇二、寧可受騙也要相信他人

信人者，人未必盡誠，己則獨誠矣。疑人者，人未必皆詐，己則先詐矣。

信任別人的人，雖然別人不見得都能坦誠相待，但自己已盡了誠實的責任。懷疑別人的人，雖然別人不見得都是虛偽欺詐，但自己先成了虛偽欺詐的人。

為人之道在於相信他人，即使對方不誠實，我們還是應該一本真誠之心。如果經常懷疑他人，就表示本身具有一顆虛偽之心。

與其勸人要忠厚老實，不如先去相信他人。當我們看到一個人時，就認為他是小偷，表示我們缺乏處世的智慧，與判斷他人的心得。一個相互不信任的社會，大自國家的政策，小至日常生活的瑣事，都將無法進行。

歡迎別人給自己指出過錯，是件難事，把自己的錯誤告訴別人，也是件困難的事。一個曾是我們信賴的人，如果有朝一日背叛了我們，那是他的修養不夠，而不是我們的眼光有問題，我們不可因此對人性失望，應該更加真誠地相信他人。

一〇三、生生不息

念頭寬厚的，如春風煦育。萬物遭之而生。念頭忌刻的，如朔雪陰凝。萬物遭之而死。

寬大仁厚的心胸，就如溫暖化育萬物的春風般，能化育萬物充滿了生機；而冷酷猜忌的心胸則如陰寒凝固的霜雪般，能讓萬物枯萎死亡。

雖然萬物的成長都是有始有終，但因受環境的影響，有的欣欣向榮，有的卻枯萎凋零。

過於嚴苛的管教，往往會壓抑人們學習的意願。當小孩子或部屬提出疑問時，長輩或管理者若以大聲斥責的方式回答，就會引起對方的反感。這種缺乏寬厚、親切的心，就像是無情的風雨襲擊著草木般，赤子之心很快就會枯萎。

所以，凡事都應該小心翼翼，以慈悲為懷，對周遭的事物多付出一點關愛與體恤，使他們得到更好的照顧，而生生不息。

一〇四、因果報應

爲善不見其益，如草裡東瓜。自應暗長。爲惡不見其損，如庭前春雪。當必潛消。

一個人做善事、積善行，不一定會立刻得到回報，但是，這些善行就像埋在土壤中的肥料，能使花草在不知不覺中茁壯。相反地，一個人做壞事，也不一定會立刻遭到報應，但這些惡行卻像庭院春天的積雪一般，若不加以清除，總有一天會阻擋住你的進出。

以佛家的立場來看，萬事萬物都有其因果關係，首先發生的必是「原因」，根據原因就能產生一定的結果，而善因必有善果，惡因必有惡果。

有很多人總是認為在現實生活當中，善人大多比較苦，而惡人卻比較能享受榮華富貴，這種短視與淺見，世人應該捨棄，要知道，善有善報，惡有惡報，不是不報，只是時候未到。

好事不能放棄，壞事不任它發展。做好事，幹壞事，終究會得到相應的報答，只不過是時間早晚而已。

一〇五、愈平凡的事愈應重視

遇故舊之交，意氣要愈新。處隱微之事，心跡宜愈顯。待衰朽之人，恩禮當愈隆。

多年的老朋友，若能經常抱著新鮮的感覺，彼此的情誼將更加親密深厚。

對於自己不易被人了解的想法，若能明白地表現態度出來，就可避免許多不必要的誤會。

對於失意的人，若能真心予以鼓勵，不斷為他打氣，多付出關懷，必能使其發憤圖強。

任何人在給人恩惠後，不要期待對方回報，因為有希望就有失望，而過度的希望將帶來更大的失望。對於發自良心的行為絕對不要漠視，必須不斷地自勉，認為其乃自己應盡之義務，如此才能使心胸更為寬廣，活得更有意義。

一旦發怒比火還要猛烈，別看這三寸的舌頭，它比劍更為鋒利。因此，人要控制情緒，警戒發怒，慎於言語。

一〇六、切勿標新立異

能脫俗便是奇，作意尚奇者，不為奇而為異。不合污便是清，絕俗求清者，不為清而為激。

一個人不隨波逐流，會給人一種「脫俗」的感覺，但若勉強為之，則會因矯情而顯得「怪異」。

「脫俗」的真正定義是：抱定志向後，執著地遵行，一切困難都能由內在的修養加以克服。

不被世間的污穢污染，才是真正脫俗，然而這種保持自我的主張，在五光十色的現代生活裏，是很不容易實現的，若真能實現，就是真正的「潔淨」。

活在世上，必然會遇到各種人、事、物，對於存在俗世間的各種缺點，我們不必過於指責，但無論如何都應該保持自己內心的純淨，這並不是自我封閉，而是一種自我期許、自我提升的生活態度。

一〇七、凡事皆有本末

恩宜自淡而濃。先濃後淡者，人忘其惠。威宜嚴而寬。先寬後嚴者，人怨其酷。

與人交往，不必一開始就施以太多恩德，如果先多，而日後少給了，就容易使對方有所埋怨。正確的做法是：開始時嚴格，然後漸漸鬆弛。如果相反，則必招致對方的怨恨。

這實在是人情的奧妙之處，也是居於領導地位者必須注意的；然而在現實生活中，卻有很多管理者疏忽了這一點。

例如，新上任的科長，為了討屬下的歡心，凡事都很寬厚，直到有一天必須縮減經費、整頓紀律時，才突然改變作風，對屬下嚴格起來，如此只會增加屬下的反感，會埋怨科長的冷酷無情。

所以，「恩」宜由淡薄而濃厚，「威」宜由嚴格而寬容，如果相反，必然遭人厭，惹人惡。

一〇八、頭銜與內涵無關

我貴而人奉之，奉此峨冠大帶也。我賤而人侮之，侮此布衣草履也。然則原非奉我。我胡爲喜。原非侮我。我胡爲怒。

如果以身分、地位、頭銜來評斷人的價值是不公平的。人生如戲，一些名不見經傳的臨時演員，很可能演起皇帝來；而家喻戶曉的名演員，更有機會扮起街頭的乞丐。

這個道理很多人都懂，但很多人卻都忘記了。有些人看到別人名片上的頭銜，會肅然起敬，也有些人希望以自己的頭銜來博得他人的尊敬。有這種觀念是很危險的，因為一旦喪失頭銜，別人不再尊敬你時，你將變得多麼感傷！

任何人都會衰老，到那時就非卸下所有的頭銜不可了，與其汲汲追求虛有的頭銜，不如在人生旅途中多結交一些朋友，享受友誼的溫馨。

人不應自滿，要從長遠觀點處世。人的一生應當考慮到今後將會怎麼樣，而不應當盡對別人誇耀過去如何。

一〇九、體恤之心如人類的一盞明燈

為鼠常留飯，憐蛾不點燈。古人此等念頭，是吾人一點生生之機。無此便所謂土木形骸而已。

有句俗語：「為了不讓老鼠飢餓而留下剩飯，為了不讓飛蛾自取滅亡，所以不點油燈。」這是從前人的心境，也是說明一切生命都值得重視。

如果缺少這種心境，那麼生命將如槁木死灰，一點樂趣也沒有。這裏所要強調的就是「體恤之心」，所謂體恤之心就是替別人著想，站在他人的立場看事物。

天堂、地獄不是上帝所造的，而是人造的，只是古人不肯把話說明白。天地之間，萬物各有主人，假如不是為我所有，就是一絲一毫也不能去取。

一個人經常設身處地為人著想，必能得到心靈上的平靜，使生活層次提高。然而，說容易，做卻難，這種生活態度必須不斷學習，從身旁的親人、朋友開始，慢慢擴及更大的範圍。

總之，體恤之心可說是促進人性、豐富人生的指標。

一〇、討論事物時應避免私心

議事者，身在事外，宜悉利害之情。任事者，身居事中，當忘利害之慮。

討論事情利害得失時，應該站在客觀的立場，多聽取他人的意見，即使最後的結論與自己的想法不同，也應服從多數。討論之後，應以完成事務為優先考慮，把自己置於事件當中，而不要只顧慮自己的利害得失。

有些人在討論某事時，只會在內心裏計算著對自己的利害得失如何，而忽略整體的利益。當結論出現時，對自己有利就感到高興，反之則想盡辦法去阻礙事情的進行，甚至不理會事情的進展。

這是人性的弱點，必須加以克服。

人們都知道什麼是美好的事物，這樣，醜惡的事物就會停止；如果都知道什麼是善的，那麼，不善的東西就無法存在了。

一一一、有理想不怕受毀謗

標節義者，必以節義受謗，榜道學者，常因道學招尤。

當倡導某項論點者失敗時，別人就會以他所倡導的那個論點加以指責、嘲笑；也就是說倡導某項論點的人，一旦犯了錯，他人就會以那個論點對他加以奚落。

洪自誠說道：「君子的人生觀是不做壞事，也不刻意行善以沽名釣譽，只是追求心靈的平靜。」

有一些替人調節家庭糾紛，教人如何建立幸福家庭的「專家」，實際上自己卻是個離婚者；有一些被稱為某某之王的企業家，有一天也會面臨公司倒閉的命運，有一些標榜道德主義者，自己的兒子竟是個不良少年。

然而，人們不必因這些挫折就放棄心中的理想，應該更加自勉，隨時反省，為自己所倡導的論點而奮鬥。

用正言勉勵別人，比贈送金玉珠石更珍貴。選擇好的要精益求精，堅持正確的要毫不動搖。

一一二、善於修飾外表就是矯情

誇逞功業，炫耀文章，靠皆是外物做人。不知心體瑩然，本來不失，即無寸功隻字，亦自有堂堂正正做人處。

喜歡誇耀自己的人，只不過是在修飾自己，故意吸引人罷了。即使沒有任何豐功偉業，但能保持純樸的本性，這種人也是個了不起的人。

洪自誠說：「一個人的價值不一定能由表面決定。」一切的事如果只是由眼睛所見的為評價的標準，人類將失去最可貴的本性。一個擁有蓋世功勳的人，還能保持一顆平常心，更值得人們尊敬。

洪自誠又說道：「不要被虛偽的外表所欺騙，凡事必須看其真實面。」由此可見，內在比外表重要，善於修飾外表的人，只能騙人一時，不能騙人一世。言行都應有自己的觀點、立場，不要隨便附和別人。說話不能不謹慎，隨便亂說，便會流於荒誕；說得囉嗦了，便會流於支離破碎。

一一三、居高位者應有的氣節

不昧己心，不盡人情，不竭物力。三者可以為天地立心，為生民立命，為子孫造福。

不昧己心、對他人盡力幫助，做有限度的花費，能做到上述三項，必能過著幸福快樂的生活。而這三項也是身為領導者所必備的處世原則。

為了讓屬下們心悅誠服，身為領導者第一要件為做事本著良心。當然，有時組織內的策略是需要具有彈性，但無論如何都應避免為私慾所蒙蔽。

其次，身為領導者還應竭盡所能的幫助屬下，使屬下們能專心於工作，無後顧之憂。

身為領導者還要注意開源節流，否則組織將在很短的時間內走向滅亡之道。只要肯動腦筋，就沒有處理不了的事，只要多從自己身上找問題，就沒有不好相處的人。總之，居高位者應時時注意自己的修養，表現出良好的氣節。

一一四、居官者與居家者之教誨

居官有二語，曰惟公則生明，惟廉則生威。居家有二語，曰惟恕則情平，惟儉則用足。

在此有兩句重要的訓誡，可供居官者參考，即「凡能秉公處理就可做公正的判斷」、「本身廉潔就可產生權威」。

也有兩句話可供居家者之參考，即「心存寬厚則可與人相處融洽」、「凡事謹慎就不會覺得不自由」。

所謂「秉公」就是袪除私心。「私心」往往是以一己的利益為前提，居官者在處理事務時若存有私心，則無法做出公正的判斷，屬下也將對其失去信心。「廉潔」是奠定權威的基礎，缺乏廉潔情操的領導者，將不受尊重。

家庭幸福的泉源在於家人間的和氣，與經濟上的穩定，所以對人應寬大為懷，用錢應謹慎節省。

一一五、待人將心比心多為人著想

處富貴之地，要知貧賤的痛癢，當少壯之時，須念衰老的辛酸。

當你正在享受著富貴與名位時，應設法多了解處於貧困與卑微環境者之痛苦。當你正年輕健壯時，不妨也設想一下年老衰弱時之無奈吧！

生長在富裕家庭的人，大多事事順利，所以，即使其人格並非很差，卻常會不經意地流露出驕傲的心態，這就表示其乃缺乏理解他人之心，此種人最好不要當領導者。

一些個性上比較「冷酷」的人，大多來自經濟狀況不錯的家庭，他們很少（甚至沒有）接觸人間生老病死的情形，所以缺乏同情心。他們喜歡誇耀自己的年輕，排斥老人，但這種現象很快就會消失，因為歲月的流逝是必然的，總有一天，年輕的人也會變成年老的人。

居上位的人如果不驕傲自大，下面的人就不會有諂媚的作風。居上位的人樂善好施，下面的人就很寬厚；居上位的人親近賢才，下面的人就慎於交友。

一一六、與人交往應抱寬大之心

持身不可太皎潔。一切汚辱垢穢，要茹納得。與人不可太分明。一切善惡賢愚，要包容得。

與人交往過份嚴苛，將惹人厭惡，不受歡迎。一個人應該抱著包容萬事萬物的度量，無論對方是黑是白，高尚或低俗，賢善或愚惡。

此處所說的寬大的雅量就是指凡事皆能誠心誠意地包容。曾子曾說過：「夫子之道在於忠恕而已。」（『論語』禮仁篇）所謂「忠」，就是對自己的良心必須誠實，所謂「恕」，就是對他人抱著寬容之心。

對自己和他人都非常嚴苛的人，是缺乏通融性的人；對自己和他人都很寬厚的人，是一種散漫的人。正確的態度為：嚴以律己，寬以待人。最要不得的是：寬以律己嚴以待人。

一一七　正確的處世態度

休與小人仇讐。小人自有對頭。休向君子諂媚。君子原無私惠。

與小人爭執，如同向君子諂媚一樣，都是吃力不討好的事，這種無意義的事應該避免。

與人理論，應該就事論事，如果完全以個人的私利為前提，這種理論就毫無意義。為了大眾的公益所做的爭執，即使場面十分激烈，言辭極為銳利，事後彼此也不會掛在心上，相互仇視。

凡事無論大小，都要三思而行。而在處理各種事務之時，最重要的就是要拋開「自我」的觀念，多為大眾著想，如此才不會喪失人格。

人的一生役於生活，役於野心，可說不曾一日獲得安寧。因為生活競爭，毫無止境，野心的需求，也沒有滿足的一天。所以擾擾攘攘，總是悶然不樂，恍惚若有所失。

一一八、固執難以醫治

縱欲之病可醫，而執理之病難醫。事物之障可除，而義理之障難除。

慾望強烈的人還有藥可救，過分固執的人可說是無可救藥。換言之，人們對於外來的干擾尚易排除，但對於自己內心的障礙則很難消除。

一個觀念偏狹、成見很深的人，容易做出絕情的事來，使周遭的人受到很大的傷害。在政治界、學術界、宗教界，到處都有這類人物，自以為處世十分公正，實際上卻是患了嚴重的固執之病。

凡事都必須依賴各種因素才能圓滿達成，所以過於主觀的人，尤其是身為領導階層的人，將會被周遭的人孤立，得不到可貴的友情。由此可見，要廣結人緣就必須先健全自己的意志、性格與人品。

為人不趾高氣揚，虛懷若谷，就能得到好處，處理事情能夠專一敏捷，就會取得成功。講話不講信用的人，也就難以成事。

一一九、小人的忌恨不必在意，君子的責備應該重視。

寧爲小人所忌毀，毋爲小人所媚悅。寧爲君子所責修，毋爲君子所包容。

為人處世，寧可遭受小人的忌妒毀謗，也不可迎合他們的意思；寧可被君子指責糾正，也不可要求他們縱容自己。

每個人都很在乎自己受歡迎的程度，即所謂「人緣」如何。一個深受大眾愛戴而仍無絲毫驕傲之態的人，最值得欽佩，然而要做到這點是很難的。

一個人只要行得正、做得對，即使被小人嫉妒毀謗，也能心安理得；然而如果被君子責備，則應視為寶貴的教訓，牢記在心。

不做邪惡的事，不說不合情理的話。重視小節的人，不能成就大事業，忍受不了小恥辱的人，不能建立光榮的聲譽。上司對部屬，老師對學生，都應該以善意的方式加以敦促，如此才能激發對方向上的意志。

二〇、掌握自我

讒夫毀士，如寸雲蔽日，不久自明。媚子阿人，似隙風侵肌，不覺其損。

做事問心無愧，卻被他人進讒言說壞話，就像烏雲遮日一般，很快就有撥雲見日的時候，所以，不必太難過。

因他人的諂媚阿諛而沾沾自喜的人，就像在寒風中接受侵襲的皮膚一般，會在不知不覺中老化。

被他人惡意中傷或毀謗時，若能不加理會，掌握自己的方向，謠言很快就會消失，使真相大白。

如果受到毀謗時就迷惑不已，失去方向，久而久之就會喪失自我而墮落。

自古以來，原本有能力，因受外界打擊而失敗的人很多，這都是因為無法把持自我所致。

一二一、領導者必須具備包容力

山之高峻處無木，而谿谷迴環則草木叢生。水之湍急處無魚，而淵潭停蓄則魚鼈聚集。

在形勢險峻的高山，往往寸草不生；而在平緩的山谷之間，卻總是草木叢生。同樣的，在洶湧激流中，不易找到魚蝦，而在平靜的河流中，則經常魚蝦成群。

古人說：「那種認為自己所說的都是對的人最令人厭惡。」不錯！道理固然重要，但缺乏通融性的說教，往往不受人歡迎。人們所犯的錯誤並非完全不能原諒，過於嚴厲的要求，如何讓人心悅誠服地接受呢？

身為領導者最重要的是要具有觀察屬下心情的能力，這也就是一種廣大的包容力。如同平緩的山谷與平靜的河川一樣，能包容一切，才是一個優秀的領導者。

天下最關鍵的事情，莫過於賞與罰。獎賞做好事的人，天下人就會受到鼓舞，處罰做壞事的人，所有人就會引為警惕。如果這兩件事能做得恰到好處，那就再好也沒有了。

一二二、成敗之所繫

建功立業者，多虛圓之士。僨事失機者，必執拗之人。

能夠建立功績，完成大事業的人，多半具有謙虛圓融的包容力；一個固執或矯情的人，多半會憤世嫉俗，剛愎自用，如此一來就比較容易失去成功的機會。

所謂包容力，就是任何事都不抱先入為主的觀念，能客觀地接受事實，做起事來有彈性。相反地，固執的人往往被狹隘的見解所羈絆，被固定的觀念所約束。

具有包容力的領導者，能廣泛地收集各類資料，從中做正確的判斷，其部屬大多具有辦事能力與高尚的人格。而固執或矯情的人只吸收自己喜歡的資訊，其餘的一概捨棄，所以，所做的判斷總是偏狹而脫離正軌；其部屬也會為投其所好而變得虛偽。

憑私心去觀察事物，什麼也看不明白，用私心去聽道理，什麼也聽不清，用私心去考慮事情，只能使自己心智混亂。善於為別人著想的人，他自己能設身處地；會管理別人的人，一定能管理好自己。

一二三、堅持到底

日既暮而猶煙霞絢爛。歲將晚而更橙橘芳馨。故末路晚年，君子更宜精神百倍。

太陽將逝，晚霞正美；歲暮已晚，柑橘正甜。一個正人君子到了晚年，依然能擁有一段美好的歲月。

「晚節」意即晚年的節操。一個人在年事已高才做出羞愧之事，稱為「晚節不保」。一般而言，人生大致有八十年的光陰，如何在晚年消磨時間是很重要的。

有些人到了晚年無所事事；有些人過度沈溺在物慾之中；還有些人只在乎自己的健康，其他的事都不理會，凡此種種都只會加速老化的程度，使自己的人生以悲劇收場罷了。

人只要有一口氣存在，就應該不斷為自己的理想奮鬥，就像先聖先賢們，晚年更能自愛，所以永為人們尊敬。

一二四、大智若愚

鷹立如睡，虎行似病。正是他攫人噬人手段處。故君子要聰明不露。才華不逞。

有時候，老鷹站立的姿勢好像睡著了，老虎走路的樣子好像生病了，其實這只是牠們隱藏了本性。

一個聰明的人必然不會輕易顯露其才華，更不會濫用其智慧。那種喜歡炫耀自己的人，很難成就大事業。

在無事的平時，安分守己，一旦發生了重大的事故，就毫不猶豫發揮所長，如此才是一個真正的智者。

俗語說：「凶猛的鷹，總是隱藏其銳利的爪。」而愈是聰明的人，愈懂得謙卑為懷。言過其行，說的話不兌現，就像開花而不結實一樣，是怨恨聚集的原因。不僅在嘴上說合乎道義的話，而且能身體力行去實踐的人，才是社會上最值得珍視的寶貝。

一二五、切勿矯枉過正

儉美德也。過則為慳吝，為鄙嗇，反傷雅道。讓懿行也。過則為足恭，為曲謹，多出機心。

節儉是美德，但如果過度節約就成為吝嗇小器，反而有失正道；謙讓是善行，但過度謙讓就成為卑微逢迎；親切是好意，但過度則成為虛偽。

凡事過度，必不受歡迎。節儉本為一美德，將有限的資源做最有效的利用，必可增進幸福之人生。但若過度節省，該用的時候也不用，將給人吝嗇小氣的感覺。

謙讓是人們交往時相互尊重的表現，但若過於客氣，將使人不自在。親切是令人喜愛的態度，但很多從事服務業的人，因過於注重形式，缺乏真誠之心，所以給人虛偽的感覺。

過分的愛情，必定會造成大的破費，過多的儲存，必定帶來更多的損失。謹慎本來是一種美德，但是過分的謹慎，就會流於膽小怕事。由此給人一個警惕，凡事過猶不及。

一二六、保持中庸

毋憂拂意。毋喜快心。毋恃久安。毋憚初難。

世事不如意時不必鬱鬱寡歡，萬事順遂時也不要得意忘形。不能因為長久的安定而高枕無憂，也不必一遇困境就頹廢喪志。

人生的際遇無常，瞬息萬變，沒有人能確切地預測未來的局勢，因為今天的情勢不可能延至明天，更何況幾年以後。

人生在世，最好能居安思危，但也勿需杯弓蛇影、草木皆兵，只要隨時保持本身的基本體力，就能應付各種突發狀況。

有遠見的聖賢，常以「居安思危」來勉勵其子孫。要知道「富不過三代」，人活著如果光靠祖先遺蔭度日，不但容易好逸惡勞，喪失心志，而且很快就會毫無鬥志，最後成了社會的寄生蟲。

活著就是一種挑戰，人們必須朝抵抗力最大的路走，不要懼怕力不能勝，只要充滿信心與勇氣，一切困難將會迎刃而解。

一二七、凡事保留三分

居盈滿者，如水之將溢未溢。切忌再加一滴。處危急者，如木之將折未折。切忌再加一搦。

瓶子裏的水裝滿後，再加入一滴，就會溢出來。一根將斷未斷的木棍，再施一點力，就會使木棍斷掉。

凡事不可做得太絕，話不可說得太滿，免得發生嚴重的後果，後悔來不及。

俗語說：「狗急跳牆」，當一個人面臨窮途末路時，最好不要再窮追不捨，否則必使此人拼死一鬥，發出令人意想不到的反擊，把整個局勢改變。

「得饒人處且饒人」是自古以來很有名的一句俗話，我們應該牢記在心，凡事保留三分。

人得失心太重，是一刻也得不到安寧的。想一想，人這一生所能擁有的東西，諸如功名、富貴、愛寵的人或物，到頭來又有哪一樣能含笑帶走？大部分的人，在經過這個大社會的一再篩汰之後，能夠留得住一身清白的，已足堪自豪自慰了。

一二八、冷靜的功效

冷眼觀人，冷耳聽語，冷情當感，冷心思理。

以冷靜的眼光來觀察別人，以冷靜的耳朵去傾聽別人說的話，以冷靜的感情去主掌感覺意識，以冷靜的頭腦思考事物道理。如此必可成就偉大的事業。

「冷靜」如何培養呢？

第一，捨棄一切先入為主的觀念，虛懷若谷。因為只要心中有成見，就會對他人的優點視而不見，聽而不聞。

第二，拋開利害得失之私心。如果只為自己的利益打算，處理事務就會欠缺公正。

第三，絕對不要受某些人情的羈絆，要掌握大局、識大體。

若能遵行上述三點，必可使自己擁有一個理性的人生。

一二九、正確的工作態度

性燥心粗者，一事不成。心和氣平者，百福自集。

性情急躁粗心大意的人，多半一事無成。性情溫和冷靜的人，將有更多得到吉祥幸福的機會。

有些人只把工作當做賺錢途徑，不知從工作中多學習、多充實、多結交朋友，總認為替公司做事，公司就該付錢，所以，缺乏一種投入之心。

反之，有些人自知工作得來不易，所以，很真誠、積極地參與公司裏的每一件事，並不斷檢討得失、自我反省。他們除了得到金錢之外，還吸收了各種知識。

顯而易見，後者將擁有一快樂而充實的人生。

工商業社會，時間至上，每個人的日課表無不排滿行程，再也沒有古人那一份閒情逸致去消磨時光。一切講究效率，我們應該善用慧心，妥當安排自己的時間，使每一件事都能按輕重緩急得到適當的處理，再忙的時刻，內心亦能常保怡然。

一三〇、穩紮穩打

風斜雨急處，要立得腳定，花濃柳艷處，要著得眼高。路危徑險處，要回得頭早。

在風雨交加的時候，要站穩腳步；在花紅柳綠光彩奪目的環境之中，眼睛要放亮，別被迷惑了。

當心中懷抱崇高的理想時，就應該不斷努力，勇往直前。通往成功的路途是十分艱辛的，在遇到障礙時，絕不可失去志向，放棄希望。

旺盛的活力，十足的好奇心，是年輕人的本性，正因如此，在此要奉勸各位年輕人，凡事要冷靜，穩紮穩打，千萬不要被困境打倒，要有奮鬥的勇氣、樂觀的心胸，再加上認真的態度，如此必會達到既定的目標。

少年時養成的性格如同天生的一樣，成了習慣就像生來就有的。少年時愛好學習，有如初升的太陽，少年時多受點辛苦，是關係到一輩子的事，千萬不要偷懶而虛擲一寸光陰。

一三一、滿招損、謙受益

節義之人，濟以和衷，纔不啓忿爭之路。功名之士，承以謙德，方不開嫉妒之門。

有些人在事業有成之後，就顯示出不可一世的模樣，認為一般人都是俗氣的大眾，不屑與之為伍。於是人們不願接近他，甚至嫉妒他、中傷他，希望打倒他。雖然成功者容易受人羨慕與嫉妒，但聰明的人會儘量隱藏自己的鋒芒，平易近人，與大眾打成一片，如此一來，人們不但尊敬他，也願與之親近。

世界上每一件事都不是一個人能成就的，必須靠眾人的合作與努力。能明白這點的人必會成功，如果忽略了，將一敗塗地。

佛家常說：「四大皆空。」那是人由四大和合而成，四大即地、水、風、火。如人體的骨骼、皮肉、指甲屬地大；血液、痰涕、便水屬水大；體溫屬火大；呼吸屬風大。四大合則生，分則死。

佛家的「空」，主要在破人類的我執、煩惱，保持此心的清明、泰然，不以物喜，不以己悲，而從容中道，為所當為。人世無常，唯有以空觀來燭照萬物，才能超越人世一切的苦難、得失、恩怨，而得到徹悟真如的快樂。

一三二、公正之官絕不會讓人乘隙而入

士大夫，居官不可竿牘無節。要使人難見，以杜倖端。居鄉不可岸太高。要使人易見，以敦舊交。

居官者，即使是寫一封家常信，也不敢掉以輕心，主要是為了防止小人無中生有，故意毀謗。

有些負責預算或收支的官員，因忽視操守而做出貪污瀆職之事來，結果不但丟了官，還連累家人和親友。這種事聽了令人不勝噓唏。

何以會引發這種事呢？那往往是由接受小人之好處為始，然後逐漸加深，終至不可收拾。要知道，擔任公職時，尤其對於饋贈之事，更必須審慎處理，才不致被小人乘隙而入。

廉潔的人，常常以無所追求為樂，貪婪的人，常常因為私慾得不到滿足而憂心忡忡。如何對待「利益」，是檢驗人的知識和品行的試金石。

一三三、往下看、往上看

事稍拂逆，便思不如我的人，則怨尤自消。心稍怠荒，便思勝似我的人，則精神自奮。

當你感到不如意時，請去看看那些處境比我們還要差的人吧！如此一來，必可使鬱悶的心情開朗。

當你感到志得意滿時，請去看看那些比我們更有成就的人吧！如此一來，必可激勵你向上之心。

從前的社會制度十分僵化，貴族永遠是貴族，平民永遠是平民；從前的教育亦是要人守本分、不越權，以過平靜的日子。

然而時至今日情況已改，只要努力，任何人都有成功的機會。而往上看與往下看，是對在逆境或順境中的人們，一種精神上的鼓舞。

千金可以失掉，但人心不能失去。器皿裡水滿了就會向外流，人自滿了就會受損失。

一三四、得意忘形是後悔之根源

不可乘喜而輕諾。不可因醉而生嗔。不可乘快而多事。不可因倦而鮮終。

心情愉快時，不要輕易答應任何事，酒醉頭暈時，也不要隨便爆發憤怒。不要因為喜愛某項工作就廢寢忘食，也不要因討厭某項工作就敷衍了事。

一個人在社會上做事必須十分謹慎，如果稍一不小心，就會後悔終生，愈看似簡單的事，阻礙愈多，所以，要隨時檢討、自我反省。在事前不必誇下海口，事情進行中也毋需自以為是，即使事情順利完成，更不必沾沾自喜。

原本能力不錯的人，可能因過於得意而無法順利完成事情；而能力普通卻沈默寡言的人，必然能因其埋頭苦幹而達成目標。

在一個戾氣日增、祥和之氣日減的社會，和諧感恩的哲學我們應努力提倡，否則人人皆閉關自守，各懷鬼胎，社會的安靖，將永無寧日。

一三五、讀書必須用「心」

善讀書者，要讀到手舞足蹈處。方不落筌蹄。善觀物者，要觀到心融神洽時。方不泥跡象。

讀書如果能讀到手舞足蹈，渾然忘我的境地，必可了悟其中的真諦。讀書也像觀察事物，必須了悟其本質，不被外貌所迷惑，心才能有所得。

有很多人對古典文學缺乏興趣，尤其是學生們，往往只是為了應付考試而死記書中片斷的字句，如此將得不到讀書的樂趣，也永遠感受不到古典文學的偉大。

雖然閱讀書籍的方式很多，但如果只是為了達到某種目的，絕無法獲益。知識既是精神糧食，因此，讀書必須用「心」。

讀書是件雅事，亦是件樂事，宋朝詩人黃庭堅有言：「三日不讀書，便覺語言無味，面目可憎。」愛讀書是件好事，可是面對浩瀚書海，如果不懂得擇取而漫無邊際的浪讀，這對生活日益忙迫的現代人，總是時間上無益的浪費，因此，挑選書是不能忽略的要件。

一三六、天罰乃民罰

天賢一人以誨眾人之愚。而世反逞所長以形人之短。天富一人以濟眾人之困。而世反挾所有以凌人之貧。真天之戮民哉。

上天為了教育愚蠢的人，所以，創造出聰明賢慧的人。儘管如此，有些人卻濫用其智慧。

上天為了救濟貧窮的人，所以，創造出富有的人。儘管如此，有些人卻揮霍無度，浪費自己的錢財。

一般而言，身分地位愈高的人，負有的社會責任愈大；然而綜觀時下的人們，一些有身分有地位的人，往往只會享受其特權，把自己應盡的社會責任完全拋諸腦後。這種人遲早會遭世人唾棄，被上天譴責。

根據中國的儒家思想，天罰乃民罰，也就是說那些濫用權力的人，總有一天會被百姓所處罰。

一三七、禍從口出

口乃心之門。守口不密洩盡真機。意乃心之足。防意不嚴走盡邪蹊。

口乃傳達心意的大門，如果口守得不夠嚴密，則心中的祕密很輕易就會洩漏出來。意識乃表現心意的雙腳，若無法控制得當，將使心誤入歧途。

你怎麼對待別人，別人也就照這樣對待你。人類的思考與行動，完全源自「心」，透過「口」的傳送，再經由意識表現出來。

這裏所說的「守口」並不是指簡單地將心中的祕密隱藏住，不說出來。須知「語言」是很奇妙的東西，運用得好，可以使人如沐春風，運用得不當，就會製造出許多混亂。

一個善於辯論的人，有時會因為他的口才而顯達，有時卻會因此而身敗名裂。總之，「禍從口出」，潔白的玉上的污點，還可以磨去，說話出了差錯，後果就無法挽回了。我們必須小心。

一三八、追究責任的效用

責人者，原無過於有過之中，則情平。責己者，求有過於無過之內，則德進。

在別人有過錯時寬恕他，就像他沒有犯錯一樣，這樣才能使人心平氣和。要求自己，則要在過失中找出錯誤瑕疵，這樣才能使自己的德業更為精進。

在一個團體裏，在追究個人責任時，最怕被人指責，所謂「千夫所指，無疾而終。」不過如果錯不在你，那麼即使挨罵了，也是心安理得。

總之，一切事情，只要能徹底檢討，就絕對有效。

有些人工作雖然十分賣力，但卻得不到預期的效果，此時一味予以責備也無濟於事。不妨在追究責任之餘，給予鼓勵，以做為接受下一次挑戰的信心。

不要在順境中志得意滿，以為成功在望，而掉以輕心，就如在和煦的春風吹送下，往往會使人產生一切皆美好的錯覺，一旦產生錯覺，就很容易因大意而發生意外。

一三九、大丈夫能屈能伸

君子處患難而不憂，當宴遊而惕慮，遇權豪而不懼，對惸獨而驚心。

君子遇到困難絕對不憂慮，在順境中仍然保持慎重的態度。在有權勢者面前絕對不諂媚，在卑微者面前絕對不驕傲。

現今社會上有一種人，一遇到有權有勢的人就卑躬屈膝；反之，一見到卑微的人就粗言粗語，這種人必定受人厭惡。

有一位經理在迎新晚會中對新人說：「我與前任經理在作風上有很大差別。因為我乃自最基層職員，逐步往上升，所以對基層人員的心理比較了解。」由此可見唯有能伸能屈的人，才能成就偉大事業。

那些埋怨生活有變化，人生枯燥乏味的人，問題就在於他們不肯放開眼光，突破自我的成見，計劃自己的人生目標，朝理想邁進。唯有不斷突破自己，以日新月新的態度，不斷的挑戰，才可望生活在一個新鮮、活潑的世界裡。

一四〇、人生的真諦

桃李雖艷，何如松蒼柏翠之堅貞。梨杏雖甘，何如橙黃橘綠之馨冽。信乎濃夭不及淡久，早秀不如晚成也。

桃花雖然很豔麗，但無法如松柏般的持久常綠。梨杏之果雖然甘甜，卻沒有橙橘之芬芳清冽。一切繁華之事物必無法持久，早熟的東西不如成熟的好。俗語說：「早秀不如晚成」就是說與其靠著天資，很快達到目標，不如歷經十年寒窗，半輩辛苦，而成就偉大事業。

很容易就獲得的事物，必然缺乏內涵，歷盡千辛萬苦而得的東西，必然深受重視。我們追求的是永恆的生命，並不是幾朵美豔的花朵。

能不偏袒任何人，便可以在複雜的事物面前揮灑自如。能屈就他人之下的人，必有很高的志向，他一定能達到遠大的目標。歲月不能挽留，光陰容易逝去，應當隨時激勵自己的意志，不要庸庸碌碌地過一生。

一四一、體會人生

風恬浪靜中，見人生之真境。味淡聲希處，識心體之本然。

在風平浪靜中，無法體會人生的真正意義，而在淡泊的飲食中，卻能真正感受到食物的風味。

當你航行在波濤洶湧的大海中，必然十分謹慎，警覺性很高。當你克服種種困境達到目的地時，再回顧這一切，你會發現自己是多麼有勇氣。

很多人以為要體會人生就要遠離煩囂，到清靜的地方過生活，事實上，只有身處浮華世界，與人接觸頻繁，才能了解人性。

工商業掛帥的時代，人情淡薄，重利輕義，在功利至上的追求下，人與人間的交往，自然談不上坦誠，除非於我有利的事，否則「拔一毛以利天下，不為也」。

在利與義、是與非之間，我們不能喪失主張，執持著智慧的利劍披上忍讓的甲胄，不卑不亢的迎向一切。無常的人世，是試煉耐心和毅力的最好洪爐，唯有經得起考驗，才能從芸芸眾生中脫穎而出。

一四二、自命清高毫無意義

談山林之樂者，未必真得山林之趣。厭名利之談，未必盡忘名利之情。

如果你只是高談闊論山居生活的種種，而沒有實際去經歷，必然無法真正體會其中之樂趣。口中談著厭惡名利的人，心中也未必真的忘卻名利。

有很多人總喜歡在言詞上表現得很清高，而實際的行為卻令人不齒。

例如，某一環境保護之倡導者，經常出現在大眾傳播媒體上大放厥詞，有一次竟被人發現在公園中隨地丟棄菸蒂，這不是口是心非，表裏不一嗎？

做人不必自命清高，說太多的道理，只要實際行為合乎禮儀，就能使人尊敬。

心胸開闊，正直待人，能冷靜思考問題，就會其樂無窮，悟出很多道理。愛自吹自擂的人，正好給自己增加麻煩，自以為聰明，看不起別人的人，只能使自己陷於無知。

一四三、捫心自問

釣水逸事也。尚持生殺之柄。奕棋清戲也，且動戰爭之心。

垂釣看似一件風雅之事，實際上卻涵蓋著殺生之意義。下棋看似一種高尚的娛樂，實際上卻隱藏著鬥狠之本意。

大部分的事情一開始都是好的，但是，經過人們的運作就會變質，失去原本之美意。

有些人在做某事之時，都會自稱是基於興趣，事實上卻是以之為賺錢手段，所以，奉勸各位無論是嗜好或消遣，在事前都應先使自己的心境澄明。

想一想，名與利有誰不要？只是人生若埋沒在名利淵藪中，未免痴呆。佛家一再教人看破世情，隨緣修行，悟得生死事大，知足是福，這對苦苦追求名利的人而言，不啻是當頭棒喝。

迷幻的人生貴在能夠自悟，在名利場中忙碌掙扎的世人，何妨騰出片刻的平心靜氣，在佛典之中覓尋生命的真諦。

一四四、自然最美

鶯花茂而山濃谷艷，總是乾坤之幻境。水木落而石瘦崖枯，纔見天地之真吾。

春天的山野間，鶯聲燕語，百花盛開，草木繁茂，彷彿是人間仙境。秋天來臨，溪水乾涸，樹葉凋零，蟲鳥都急著回窩巢，大地呈現一片蕭條之景象。

時序不同，景色有別，大自然的各種風貌都是那麼令人心動！哪一季最好呢？隨各人之所好，在此沒有定論。古今中外，自然最美。

大自然廣闊無私，不為一個人而運行不同的季節。高高的竹子已經多了，但還可以再種，鮮艷的花朵再少，也不需多栽。人們要講實際，不可尚浮華。

有追求的人生是有意義的人生，不斷追求著更美好的明天，才能日日有進步，不為虛度時日而後悔。光明的前途端賴吾人是否有追求的決心。

一四五、自尋煩惱無濟於事

歲月本長，而忙者自促。天地本寬，而鄙者自隘。風花雪月本閒，而勞攘者自冗。

歲月原本就是長久持續的，卻有些不甘寂寞的人，無事找事，自願掉入忙碌的漩渦中。

天地原本就是寬廣無涯的，卻有些心胸狹窄的人，凡事斤斤計較，把自己侷限在一狹窄的世界裏。

四季的轉變原本就是一種自然的情趣，卻有些多愁善感的人，枉費力氣去為之感傷。

生活的態度完全操之在自己，樂觀能過一生，悲觀也能度一生。我們不必太在乎環境的變化，只要努力工作，盡情休閒，就能擁有一個幸福的人生。

凡事做過了頭，就像做得不夠一樣，做過了頭和不足都是不好的。

一四六、欣賞身旁事物

得趣不在多。盆池拳石間，煙霞具足。會景不在遠。蓬窗竹屋下，風月自賒。

懂得生活情趣的人，最能欣賞周遭的事物。庭院中的一草一木一石都是寶，看在他們的眼裏都覺得趣味橫生。他們認為要享受美景，不一定非要長途拔涉到遙遠的名勝古蹟去不可，身邊的點點滴滴已足可享受不盡了。

徐徐的微風，皎潔的月亮，沈海的夕陽，遍地的冰雪……都是何等美麗的景象啊！每天忙碌的人們，不妨停下匆促的腳步，細心地品味一下吧！

在工商業突飛猛進的社會中，這種欣賞大自然的親切文化大概很缺乏吧！如果我們能夠忙裡偷閒，在忙碌的工作之後，給自己一場小小的「慰勞」，或旅遊、或踏青、或寫生、或看場電影、或來個卡拉ｏｋ歡唱等，使那拉緊的心弦得到短暫的鬆弛，相信再度投入工作之後，精神會更加抖擻，工作效率也一定會更加提高。

一四七、鐘聲與月光

聽靜夜之鐘聲，喚醒夢中之夢。觀澄潭之月影，窺見身外之身。

在夜深人靜時，滴答的鐘聲會使人感到如夢似幻；在平靜的深淵中，皎潔的月光，會使人心靈澄明。

當自己與萬物融合為一時，才能真正感受到天地之廣，人類之渺小。

在忙碌的現代生活中，要求得一份真正的安詳與寧靜是何等不容易。而鐘聲與月光都能使人產生幻想，這種幻想有助於心靈的慰藉，所以，我們不妨時常去感受它。

看看天空的飛鳥，再看看地面的小草，它們只是任天委運，自由的生長，自由的歌唱。反而人倒不如一隻小鳥、一枝小草。人之所以常常憂愁攻心，就是把「我」看得太重。多學習忘我，一個人能忘我，則得失不縈繫於心，凡事盡其在我，一切憂煩自可消弭於無形。

一四八、無弦之琴

人解讀有字書，不解讀無字書。知彈有弦琴，不知彈無弦琴。以跡用，不以神用，何以得琴書之趣。

一般人只知道閱讀有文字的書，卻不懂得去閱讀理解宇宙自然這部無字天書。只知道彈奏有弦琴，卻不懂得欣賞天地自然這支無弦琴，所彈奏出來的美妙音樂。

書籍與琴理應有文字與弦，但人們往往被既有的文字與弦限制住，無法靈活運用真正的學問與藝術，所以，古人教我們彈奏無弦之琴，這只是一種比喻。

每個人的領悟力不同，晉朝陶淵明彈著無弦之琴而能自得其樂，我們也應該多充實自己，以了解書與琴之真正內涵。

人世一場春夢，世事幾度秋涼，人生本如逆旅，困苦橫逆在所難免，但只要不為橫逆所奪，愈挫愈勇，終究否極泰來，必有光彩如意的一天到來。因此，在朝露般的人生中，必須養成一副寬宏的胸襟，凡事隨遇而安，充分享受人間的苦樂。

一四九、盛宴後的空虛

賓朋雲集，劇飲淋漓樂矣。俄而漏盡燭殘，香銷茗冷，不覺反成嘔咽，令人索然無味。天下事率類此。人奈何不早回頭也。

當高朋滿座，冠蓋雲集的盛宴過後，就是杯盤狼藉，人去樓空的蕭條景象。世間的快樂事多半稍縱即逝，無法長久，但為什麼還是有很多人迷戀其中，不能自拔？

漢武帝（西元前一五九～八七年）在汾河舉行了一場盛大的酒宴，在宴中他即興做了一首『秋風辭』，內容為：

「歡樂至極哀情多，少壯幾時老將至」。

從中不難了解一代名主漢武帝晚年的心境。

歡樂與享受都是人們所歡迎的，但若過於沈溺，將在事後充滿空虛與寂寥，所以，我們應該保持適中的歡樂，切勿縱慾。

一五〇、勿在蝸牛的觸角上爭名奪利

石火光中，爭長競短。幾何光陰。蝸牛角上，較雌論雄，許大世界。

在短短數十年的人生中，有很多人汲汲於追求名利、爭長論短。愈是窄小的空間，愈是有人爭先恐後。

『莊子』即陽篇中曾說了一個寓言，內容大致如下：

在蝸牛的左角上有一個國家叫觸，在右角有另一國家叫蠻，這兩國戰爭頻繁，死傷無數，百姓都想盡方法逃走。

戴晉人將此寓言說給魏惠王聽，被斥為「胡說」，後經一番解釋，魏惠王乃恍然大悟，不再與鄰國相爭。

人們總喜歡在極小的空間裏，互相爭奪，彼此仇恨，長此下去，總有一天會失去生命的意義。

一五一、及早結束槁木死灰的心態

寒燈無焰，敝裘無溫，總是播弄光景。身如槁木，心似死灰，不免墮落頑空。

火焰熄滅了再也產生不出火花，大衣太舊了再也無法保暖。一個人若心如槁木死灰，必然無法給予他人溫暖的情誼。

人與人之間若能互相關懷，彼此鼓勵，必能感到生存的價值。而脫離人群，拋棄友情，終將因孤獨而滅亡。

現代的人，過於重視物質生活，忽略了精神層次，心靈漸漸空虛，生活漸漸乏味，長此下去，總有崩潰的一天。

身為萬物之靈的人類，除了要滿足生理上基本的需求外，還應不斷自我充實，對社會負起責任，如此才能使人類的明天更美好。

人到晚年，就像夕陽的光，按理照不長遠的，但願如早晨的太陽一樣年輕人，隨著時間推移越來越明亮。理想是人活著的主要動力，沒有理想的人，猶如船而無舵，只能到處漂流。有了理想，並努力實踐，成功將會微笑迎接你。

一五二、以冷靜之心回溯過去

從冷視熱，然後知熱處之奔馳無益。從冗入閒，然後覺閒中之滋味最長。

檢討過去、自我反省時必須持冷靜之心。

在忙碌緊張的日子裏，應偶爾冷靜下來，想想過去，為什麼當時那麼粗心，為什麼當時那麼偷懶。做完檢討後，再重新武裝自己，那麼，即使遇到再大的障礙，也能勇敢克服，毫不畏縮。

人生的前半段應該盡力而為，等到後半段開始時，就可高枕無憂了。有很多人在被問到晚年想做什麼時，都會徬徨不知如何回答，這就是在忙碌的生活中忘了停下腳步，冷靜想想的大多數人之通病。太忙的生活會使人失去方向，我們應該隨時警惕自己。

古人說：「心靜自然涼。」遇到危難之來，必須冷靜自持，謀定而後動。唯有如此，才能化險為夷，將損失減至最小。

一五三、不必隱居也能修行

有浮雲富貴之風，而不必岩棲穴處。無膏肓泉石之癖，而常自醉酒耽詩。

有些人因徹悟榮華高貴如浮雲一般，所以拋官棄爵，歸隱山林。其實真正的修行者不一定要遠離塵囂，就如真正愛山水風情的人，絕不會沈溺其中。不被塵世間的俗務所誘惑的人，自然無需隱居山中。

白居易在「中隱之詩」中說道：「大隱為居朝市，山隱則入丘樊壑。」日本有名的高僧大燈國師也說過：「所謂坐禪，就是能把眼前來來往往的人們視為林中大樹。」

在花花世界中想要把持自我，最重要就是在自己的內心求得一片清明之地。

生命是艱苦的，我們無法永遠使行動和自己的人生觀一致，我們奮鬥，我們受苦，只為了重新征服寂寞。——卡繆

一五四、接受各種人物的生活方式

競逐聽人，而不嫌盡醉。恬淡適己，而不誇獨醒。

與人競賽，必須先看清對方的實力，絕不可狂傲自滿，妄下必勝之預言。

任何人都有其存在的價值，所以，我們不可隨意批評他人，誇耀自己。

近年來由於社會價值觀改變，很多人都會以外在的形式取勝，例如，穿上名牌的襯衫、戴上名牌的手錶、出入有名的餐廳，以此來表自身地位的高尚。

雖然這種人並不值得學習，但也畢竟有其生活方式，我們應該接受，不可任意批評。

最重要的是，自己要保持恬淡的心情，過中庸的生活。

每一個人都是自己生命的建築師，每一個人也都是自己命運的主人，我們有權利，也有能力好好規劃自己的生活，為什麼要一任生活來主宰呢？為什麼要怨怪命運的不公，跟自己過不去呢？幸福來自於行動，行動來自一顆追求自由快樂的心，只要自己願意追求一種屬於自我所喜愛的生活方式，那麼，任何人皆無法阻擋。

一五五、該丟棄的就丟棄

損之又損，栽花種竹、儘交還烏有先生。忘無可忘，焚香煮茗，總不問白衣童子。

固執的人，就是固守老舊的觀念，不肯學習新的。身為一個知識份子，固執己見最是要不得。知識是如何豐富的？那就是該丟棄的觀念，毫不考慮地丟棄它，不斷吸取新知，如此累積的結果當然很豐富。舊有的觀念如果不合潮流，必須立即捨棄，不必眷戀。老莊「無為自然」的悠然境界，就是以「無」為「有」的最高境界。如何進入「無」的天地呢？那就是該丟棄的就丟棄吧！

求知是人最大的權利，讀書更是人生最大的享受。讀書貴精不貴多，要在無間斷，則銖積寸累，雖貧窮兒亦可成鉅富。

在人事倥傯，生活忙碌的今日，讀書漸為人所忘忽，尤其是踏出校門，邁入社會之後，很多人就此不摸書本，甚或沈迷在電玩之中。在知識爆炸的時代，抱殘守闕，固然為愚妄之徒，而偶讀一書即濫發庸議，自認高明的人，更屬不智之流。

一五六、趨炎附勢，禍害由之

趨炎附勢之禍，甚慘亦甚速。棲恬守逸之味，最淡亦最長。

對有權有勢的人，大肆奉承阿諛，希望藉此升官發財的人們，所受的懲罰很快就會降臨。

視富貴如浮雲的身外之物的無慾心境，是日子安穩又快樂的延續。

有一句諺語：「狡兔死，走狗烹」（出自史記世家）意思就是負責抓取獵物的獵犬，一旦失去利用價值，就會遭到殺身之命運。

有先見之明的人們，絕不會趨炎附勢，自絕後路。

社會風氣的良窳，關係到人民生活品質的提升，也關係到一國的風評及聲譽。在這價值觀日趨現實、短視的社會，有人只為一時歡娛與享受，不惜作出人神共憤的事，也許直到臨死之前，他們都不知道自己為何要付出這麼嚴重的代價。

如果不能在混亂的時代，執持一種自利更要利人的價值觀，來駕馭個人心中種種不切實際、不合人道的妄想，以開創個人的前程與事業，那麼，微末的個人就只有變成人海中的一粒浮漚。

一五七、如臨仙境

松澗邊，攜杖獨行，立所雲生破衲。竹窗下，枕書高臥，覺時月侵寒氈。

在松柏林立的山間，踽踽獨行，眼前烏雲密布，瞬間雷聲劃破寂靜的天空，大雨傾盆。

在竹葉茂盛的窗邊，枕書高臥，不知不覺中明月展現，為幽暗的大地帶來一片光明。

居住在城市的人，最感到苦悶的就是遠離大自然。一年到頭呼吸的是污濁的空氣，耳根更是終日不得清靜，這樣毫無生氣的活著，使人變成痲木不仁。

淵明說：「結廬在人境，而無車馬喧，問君何能爾？心遠地自偏。」一方面把心放遠，一方面在生活空間裡，動手佈置一些賞心悅目的東西，使自己的生活藝術化。清悠的日子，在繁忙緊張的現今社會裏是多麼不易得到，偶爾享受清悠，真叫人羨慕。

一五八、問心無愧

隱逸林中無榮辱，道義路上無炎涼。

人們的喜怒哀樂，大致根據周遭的環境決定。別人肯定你，讚美你，你就歡天喜地，反之，則鬱鬱寡歡。

事實上，我們若能擺脫他人的看法，對他人的評價毫不介意，自然消遙自在，無所煩惱。

洪自誠就是徹底了悟這點，所以，勸導他人擺脫世俗之間的爭名奪利，以自己的良心過日子。

的確！人世間的紛擾與爭執，就像是輕風，吹過就算了，不必追究，只要我們問心無愧，就不會有苦惱發生。

《宋史・蔡元定傳》中說：「獨行不愧影，獨寢不愧衾。」意思是：只一個人站在那兒，也無慚於自己的影子，獨自睡眠，無愧於自己的被子。比喻做事為人應該光明正直。

一五九、心靜自然涼

熱不必除，而除此熱惱，身常在清涼台上。窮不可遣，而遣此窮愁，心常居安樂窩中。

自然界的酷熱是人們所無法消除的，但是，如果能消除內心的煩躁苦惱情緒，身體必然常處在清涼舒適的亭台上。

當你遇到挫折，諸事不順時，不必怨天尤人，不必哀聲嘆氣，只要保持心情的平靜，自然能順利度過。

人類的社會充滿著衝突、矛盾和苦痛、煩惱，如何擺脫它們呢？理論性的方法一大堆，但都只是公式化的說教，毫無意義。最重要的就是使自己內心穩定平靜，如此才可面對問題，解決問題。

在河邊專注垂釣的人們，與在暮色中用心揮著高爾夫球桿的人們，相信他們最能體會心情平靜的樂趣。

一六〇、只要開始永不嫌遲

進步處，便思退步，庶免觸藩之禍。著手時，先圖放手，纔脫騎虎之危。

進步順利時，就要想到後退的路，才能避免進退兩難的禍害；著手做事時，要先計劃好停手的時機，才能消除欲罷不能的危機。

凡事都有開始，但要跨出這第一步，往往需要很大的勇氣。

有一句成語「騎虎難下」，不錯，很多壞習性就像是猛虎般，當人們騎上它，中途想下來，就不是很容易的事了。

然而，我們也不可任由壞習性駕馭自己，應該勇敢改正。凡事總有開頭，只要做，永不嫌遲。俗語說：「不怕太遲，只怕不做。」就是這個道理。

人之所以不快樂，在於凡事算計得太精，大家都想佔便宜。很多時候，我們幹著自以為聰明的事，其實卻是愚不可及，如果有時我們能稍微糊塗一些，不那麼斤斤計較，到頭來佔便宜的還是自己。

一六一、不要受環境束縛

嗜寂者，觀白雲幽石而通玄，趨榮者，見清歌妙舞而忘倦。唯自得之士，無喧寂，無榮枯，無往非自適之天。

喜愛安靜的人，置身在青山綠野白雲幽石之間，必然心曠神怡；然而一到繁華的城市裏就鬱鬱寡歡。這就是受了外在環境的影響，使內心產生很大的變化。一個真正悟道的人，對於喧囂或平靜，熱鬧或寂寞，都不會在意。無論身處何地，對他而言都是理想境界。

過於執著外在環境的人，當環境有所改變時，常會因無法適應而感到痛苦。要使心靈自由自在，就理應超越有形的環境，儘量往好處想，多擴展生活的範圍，增進經歷，如此必可加強適應環境的能力。

同時，看到怪異的事物或現象，能鎮靜對待，不大驚小怪，那麼，怪事或怪現象就會不攻自破。

一六二、去留自如

孤雲出岫，去留一無所係。朗鏡懸空，靜躁兩不相干。

一片孤雲自山邊湧現，悠遊於天空，隨風飄盪，去留無所牽掛。一輪明月自雲端滑出，悠遊於天空，忽隱忽現，去留無所羈絆。去留自如，這是多麼灑脫的情懷！但願人類也能與大自然相同，來去自如，不被任何事物羈絆。

人生的輸贏，是福是禍，有時確實難以斷定；但如果個人的輸可以成就社會的贏，那麼，少數人的含冤負曲的犧牲，也就有了代價。因為在這樣的輸與贏之外，讓我們看到了真理的光明。

功利思想愈重的人，愈不懂得寬容的好處。所謂「吃虧就是佔便宜」，在他們看來簡直是痴人說夢。生活在民主的時代，如果仍然抱著睚眥必報，以牙還牙的心態，是不配稱為現代人的。

一六三、常保平常心

禪宗曰，餓來喫飯倦來眠。詩旨曰，眼前景致口頭語。蓋極高寓於極平，至難出於至易，有意者反遠，無心者自近也。

禪宗曾說道：「餓來吃飯倦來眠」，又說：「眼前景致口頭語」，這兩句話都是從最平凡的事成就最高境界。換言之，就是在最複雜的人世間，以最簡單的道理處世。

「常保平常心，即使在困境中也能順利度過。」這是古代軍事家在『兵法家傳書』中所說的一句話，值得後人深思。

在射箭時，若心裏一直想著一定要射中，則箭矢必然射得凌亂；在寫字時，若一心一意想要寫得好，下筆就會緊張而生硬。

做任何事，心中應保持平靜，不要希望太高。只要凡事無所求，必能成大功，立大業。

一六四、有所牽掛就無法達成目標

山林是勝地，一營戀便成市朝。書畫是雅事，一貪癡便成商賈。蓋心無染著，欲界是仙都。心有繫戀，樂境成苦海矣。

在景色幽美的山林之中，若被四周的風光所迷惑，則將如居住在城市中，永遠無法得到真正的安寧。

即使每天接觸風雅之書畫，但心中卻被書畫之價錢所羈絆，不能稱為脫俗。

即使從事高尚的興趣及運動，但是，心中卻打算以此為賺錢之手段，仍不能稱為脫俗。

即使以垂釣為休閒活動，但是，心中卻想和同伴競賽，以此一比高下，則仍不能稱為脫俗。

一個人頭緒太多，便會迷惑。心靈不澄明，無論從事什麼，都無法達成目標。心中光明正大，心情就像千里長風那樣暢快。

一六五、塵世之外

蘆花被下，臥雪眠雲，保全得一窩夜氣。竹葉杯中，吟風弄月，躲離了萬丈紅塵。

居住在雪山中的小屋，蓋著以蘆穗製成的棉背，將吸收到滿山的靈氣。舉杯伴風清唱，遙望明月，此時一切雜念皆已拋開。幽靜的山居生活是修行者理想的境界，若無法得到，不妨在心中闢一淨土，遠離塵世。

人的一生經常處於抉擇之中，一個人抉擇力的有無，可以顯示他的人格成熟與否。倒是那些胸無主見的人，不受抉擇的煩惱。因為逢到需要決定的時刻，他總是詢求他人的意見。

大凡能夠成大功立大業的人，都是抉擇力很強的人，他知道事的成敗全繫在自己，沒有人可以代勞，更沒有人能夠代為決定。

一六六、修行者一定要捨棄俗務嗎？

出世之道，即在涉世中。不必絕人以逃世。了心之功，即在盡心內。不必絕欲以灰心。

一個人縱然想遠離塵世，還是必須生存於世。人與人之間的交往完全避免，真正的修行是在內心闢一淨土，而不是勉強壓抑自己的慾望。

有些人以為「出世」就是拋妻別子，捨棄工作，脫離社會，杜絕友情，使自己孤立。這種想法並不正確。

真正的修行是以「出世」之心，過「入世」之生活；也就是說身處俗界，內心卻懷抱著崇高的理想；說得更淺顯些，就是「在家修行」。

海棠花的香味奇妙無比，不同於其他花香，但如果只用鼻子去嗅它，也就不能擺脫流俗賞花的局限，人們的心靈美好，才能擺脫庸人的眼光，看到美的實質。

一六七、真正的寧靜在心中

竹籬下，忽聞犬吠雞鳴，恍似雲中世界。芸窗中，雅聽蟬吟鴉噪，方知靜裡乾坤。

「寧靜」不一定非要到深山中才找得到。當我們傾聽潺潺的流水聲，仰望一輪明月，此時「寧靜」已進入我們心中。

不必強求任何事，在日常生活中，隨遇而安，自可得到心中的寧靜。

偶爾經過農舍，忽聽犬吠雞鳴；靜坐書桌前，但見白雲自頭上悠閒飄過。美好的景象何需遠求？在我們所熟悉的居家環境中就可感受到。

「沈默是金」是西洋人的說法，我們則以「禍從口出」來警戒自己。孔子說：「時然後言，人不厭其言。」所以，我們在沈默中一方面在傾聽別人的高論，一方面在選擇開口的時機，以便一鳴驚人。

一六八、春光無限好秋色也不差

春日氣象繁華，令人心神駘蕩，不若秋日雲白風消，蘭芳桂馥，水天一色，上下空明，使人神骨俱清也。

春天的景色是多麼美好，令人心曠神怡；到了秋天，雲白風消，月明花香，景色也不比春天差。

為什麼有人在春天時心情愉快，一到秋天心情就變得惡劣呢？那是因為他不懂得欣賞秋天成熟的景象，而認為秋天是蕭條的象徵。

其實秋天與春天一樣美好，尤其是蒼穹的變化更是奇妙。我們應該以成熟的眼光，欣賞秋天。

每一個活在這個婆娑世界的人，都有其命定的任務，沒有人能置身其外，更沒有人能說：「這個世界上的一切都與我無關。」文明的推進、人民生活的提升，需要你我發揮主動、積極的精神，進而掌握時代的命脈，創造成功的契機。

一六九、任其飄流

身如不繫之舟，一任流行坎止。心似既灰之木，何妨刀割香塗。

我們的身體就像一葉扁舟，在茫茫人海中載著「心」浮浮沈沈。真正的達觀是一切都看開，完全聽天由命，由大自然安排。

生於此世，長於此世，親眼目睹來來往往的人群，如何將自己的一顆心運往理想境界，可說是一個值得深思的問題了。

長生活在都市中的人們，由於處身於來自生活及工作的壓力，焦慮、緊張即難於免除。但是，若能換個角度來正視這種種內在和外在的挑戰，亦不能不說是一種福氣。除非你願意自己變成一攤死水，否則任何的挑戰，對心靈的成長、閱歷的增進、人際的開拓，都有莫大的助益。

佛家說：「人因為有分別心，所以才有無邊煩惱。」的確，人一起分別心，則有人我之爭，凡事不肯退一步想，眼中只有自己，這樣的人到任何地方，必然是惹人嫌的。

一七〇、肉體會滅亡精神卻永恆

髮落齒疏，任幻形之彫謝，鳥吟花咲，識自性之真如。

牙齒鬆動，頭髮禿疏的人，一看到鳥鳴花開，天地間的永恆，就會充滿希望。現在是個長壽的時代，然而人一旦上年紀，總會感到身體的衰退，甚至會感到自己隨時都有可能離開人世。

肉體必會滅亡，但精神卻可長存。因此，在此奉勸各位多注重精神的充實。當一個人精神奕奕時，必能克服肉體上的困難，使自己的生命力更為堅韌。

百齡人瑞在二十一世紀到處可見，一方面是醫藥衛生的進步，另一方面是人的活動範圍增廣了。老年人可以在七十歲另闢「第二人生」，為自己的下半輩子繼續努力。

微笑吧！當你快樂的時候。微笑吧！當你悲哀的時候。不管是真心的微笑，或自我解嘲的微笑，你都可在微笑中體會到人生的真義。

一七一、閒暇的樂趣

讀易曉窗，丹砂研松間之露，談經午案，寶磬宣竹下之風。

徹夜讀易經，直到天亮，此時打開窗戶，讓陽光照射進屋內，不由得伸個懶腰走出書房。

松葉上的露珠閃著亮光，晨風從竹林間吹過，此時心情十分舒暢。

抬頭仰望天邊的雲彩，白雲朵朵，在晨曦中悠遊自在，鳥鳴啾啾，在晨光中展翅翱翔。

讀書之餘，欣賞美景，舒展筋骨，神遊天地，必可忘卻煩惱，開懷至極。

學海無涯，學然後知不足，唯有日日勤修苦讀，才能進入學問的堂奧。「成熟的稻穗總是低垂的」，這就是說明了人要謙虛。

博學的孔子，在晚年仍說：「五十以學易，可以無大過矣！」在人生旅程中，我們應為了拓寬自己的知識領域，一刻不懈地學習。

一七二、自由的可貴

花居盆內，終乏生機，鳥入籠中，便減天趣。不若山間花鳥，錯集成文，翱翔自若，自是悠然會心。

種在盆內的花朵，總是缺乏蓬勃的生氣；關在籠內的鳥兒，也會失去活潑的情趣。如果將花移植山野，放鳥飛回林間，自由自在的在天空飛翔，必然另有一番景象。

我喜愛在林中徜徉，享受大自然的情趣。青山綠水、小橋農田，是多麼美麗的景色。偶爾小睡在林中，醒來但見朵朵白雲在天空中悠遊自在，這種感受一生都忘不了。

自由，是萬物都嚮往的，尤其是人類。我們生活在忙碌的工商社會中，應隨時不忘解脫自己，使心靈得到慰藉。

太陽不會靜止不動，情江也不會靜止不流。自然界的萬物皆變，光陰迅速，人生短暫，因此，應該更加努力奮進。

一七三、有苦有樂世事皆然

有一樂境界，就有一不樂的相對待。有一好光景，就有一不好的相乘除。只是尋常家飯，素位風光，纔是個安樂的窩巢。

度過了輕鬆愉快的假期後，接著就是緊張痛苦的生活。當你正為某事憂煩不已時，只要努力解決，必會頓感輕鬆自在。喜愛享受美食的人，有朝一日腸胃不好，就必須接受粗茶淡飯。高度成長中的國外旅遊，是十分另人嚮往而有趣的，但即使風光再美，人們也必須忍受畏途跋涉的有形無形辛苦。

快樂常與痛苦相伴，世事皆然。如意的人生，應該是人人以真心相待，人人肯付出自己的誠意和智慧在工作上，人人以愛心相互包容，彼此互相勉勵。這樣的人間，才是合乎天意的人間，也才是值得我們去奮鬥和追求的人生。

一七四、凡事總有結束

知成之必敗，則求成之心，不必太堅。知生之必死，則保生之道，不必過勞。

假若知道有成功必然有失敗，那麼，求取成功的意念就不必太過於堅定急切；假若知道有生必然有死，那麼，對於養生保壽的方法就不必太過於憂慮勞力。生命是有限的，總有一天必須面臨死亡。只要徹悟這點，就不會再為生命的長短而憂心忡忡了。

由於醫學進步，現代人類的壽命已延長許多。很多人在工作告一段落，退休回家時，內心總是充滿空虛，不知如何打發剩餘人生。

其實，人類最需要的是健康的身心，擁有健康的身心，即使工作結束，仍能享受其他事物樂趣。

世間事有開始就有結束，工作如此，生命也是如此。我們應該好好把握有生之年，才不會虛度此生。

一七五、自由的人生不為外物所苦

古德云，竹影掃階塵不動，月輪穿沼水無痕。吾儒云，水流任急境常靜，花落雖頻意自閒。

從前有一位高僧曾說道：「竹影掃階塵不動，月輪穿沼水無痕。」又說道：「水流任急境常靜，花落雖頻意自閒。」一個人如果能經常保持這種心境，不被外物所羈絆，就能擁有一個自由自在的人生。

著名的作家夏目漱石在『草枕』一書中寫了一段畫家與和尚之對話：

畫家問：「你覺得松美嗎？」

和尚回：「很美！」

畫家問：「只是美？」

和尚回：「除了美以外，還不為風吹所苦。」

有了希望，就有了勇氣。希望是人生的原動力，有了希望，人可以忘掉痛苦和不幸。人的生命只有一次，縱使不能與天地同在，也不要弄髒了乾坤。

一七六、與自然結合就有新感受

心地上無風濤，隨在皆青山綠樹。性天中有化育，觸處見魚躍鳶飛。

內心保持平靜，那麼，到處都是青山綠水。內心充滿愉悅，那麼，所見皆如魚躍鳥飛。

很多畫家不斷在山間作畫，水邊著色，希望藉此捕捉大自然的美麗。事實上，自然的美是無法以人為方式留住的。唯有把自己融入其中，才能真正體會。自然的美景無窮無盡，人類的力量也無限偉大，兩者合而為一，才能創造出永恆的生命。

人世的苦澀和甜蜜，唯有親自嚐過的人才能知悉。事實和理想的差距，永遠需要我們去克服，我們不能巴望自己生活在一個十全十美的環境，因此，只能企望自己是一顆糖，能調和眾人，在人際的和睦上發揮「甜」的效用。

一七七、惜福

魚得水逝，而相忘乎水，鳥乘風飛，而不知有風。識此可以超物累，可以樂天機。

魚得水才能悠遊自在，鳥得風才能自由翱翔，然而，魚往往忘記水的重要，鳥也時常忽略風的存在。如果能夠領悟其中的道理，就可以超脫外物的牽絆誘惑，而能享受天地自然的機趣。

很多人對現況不滿，怨天尤人，自覺委屈。事實上，我們能擁有如此安和樂利的社會，應該好好珍惜。有朝一日失去了，那時再後悔已來不及了。

魚兒離開了水，如何游泳？鳥兒缺少了風，如何飛翔？人類若失去社會，怎麼延續生命呢？

想想這些，必可使心情平靜而更加努力工作。

不要沈緬在安樂裡，事物不斷的發展變化，新的總是代種舊的。做好事不要懈怠，除掉邪惡之事不可遲疑。

一七八、富貴如浮雲

狐眠敗砌，兔走荒台。盡是當年歌舞之地。露冷黃花，煙迷衰草。悉屬舊時爭戰之場。盛衰何常，強弱安在。念此令人心灰。

當年曾經繁華一時的地方，可能在數年之後成為狐狸棲息，野兔奔跑的荒郊野外。世事多變，富貴如浮雲。

或許經過戰亂，或許經過改朝，如今雜草叢生、亂石堆積、煙霧瀰漫的荒野，也許是從前百官聚集、美女如雲的宮殿，這一消一長的變化，多麼令人噓唏！

繁華之後空留感傷，任誰也無法挽回。

試著從名利的纏索中掙開，用天然的自我來面對這個世界，像一株野花承受上天的雨露陽光，孳長茁壯，憑著旺盛的生命力擴充自己，使自己成為一種堅實的存在。

平凡是一種美，是毫不掩飾自己的自然風光，是貧賤富貴不能移的高尚情操。

一七九、順其自然

寵辱不驚，閒看庭前花開花落。去留無意，漫隨天外雲捲雲舒。晴空朗月，何天不可翱翔。而飛蛾獨投夜燭。清泉綠卉，何物不可飲啄。而鴟鴞偏嗜腐鼠。

我已看破一切榮辱，對於過去種種不想再提。我只想獨自漫步在山林之間，觀看花開花落，欣賞日出夕陽。

晴空萬里，何處不可飛翔，然而我卻訝異於飛蛾撲向燈火；草木青青，溪水潺潺，何處不可覓食，然而我卻訝異於鴟鴞偏愛腐爛的鼠肉。

於此，我已明白，萬物皆有其性，海邊自有逐臭之夫，一切順其自然，何須勉強？

不會耕種而想收穫糧食，不會織布而好穿美麗的衣裳，不勞而獲，這是不可能的。如果連自己的心都抑制不住，還怎能戰勝外物。

一八〇、注重內在涵養

伏久者飛必高，開先者謝獨早。知此，可以免蹭蹬之憂，可以消躁急之念。

長久蟄伏的鳥兒，一旦振翅飛翔，必然飛得很高；反之，先開的花朵，必然先凋謝。

能了悟這個道理，就不會再為眼前的阻礙煩惱，因為這正是考驗我們的時候。唯有充實的內涵，才能克服各種困境。

人在有生之年究竟能成就多少事？姑且不論其數值，真正重要的是，自己內在的充實。古云：「十歲神童，十五歲才子，過了二十歲就變成凡人。」就是忽視自我充實的例子。

在忙碌的生活中，無論工作成果如何，都不可忘了充實內涵。

唐朝孟郊《古意贈梁肅補闕》說：「不有百煉火，孰知寸金精。」意即：喻人要經過艱苦的磨練，才能養成好的品德和大的才能。

一八一、錢財乃身外之物

樹木至歸根，而後知華萼枝葉之徒榮，人事至蓋棺，而後知子女玉帛之無益。

滿園的樹木枯萎凋落了，可曾想過它們曾有過豔麗的花朵和茂盛的葉子？人的一生也是如此，直到兩眼一閉，兩腿一伸入殮後，才知道再多的子女和財富也毫無好處。

有些人終其一生汲汲營利，辛辛苦苦節省每一分、每一毫，拋棄健康，不顧友情，只為了使自己的財產再增加一些。直到有一天，他的生命走到盡頭，此時即使他家財萬貫，也無法挽回他的生命。

錢財乃身外之物，活的時候必須用到，死了卻一點也帶不走，所以適可而止，不必追求過多。

愚蠢的人總是被繩頭小利迷住心竅，而忘記了大害。愚蠢的人的致命弱點，就是專憑自己的主觀意識去辦理事情。

一八二、職業無貴賤之分

烈士讓千乘，貪夫爭一文。人品星淵也。而好名不殊好利。天子營家國，乞人號饔飧。位分霄壤也。而焦思何異焦聲。

一個心胸寬闊的人，可以拱手讓出大國，退隱山林；但心胸狹窄的人，卻會為區區一塊錢爭得面紅耳赤，兩種性格可謂天壤之別；但仔細一想，就可了解兩者追求名利的私心其實是相同的。

國君專心一意統治王朝，而乞丐則努力乞討食物，兩者的層次可謂天壤之別；但仔細一想，只是所煩心的事不同，其辛苦卻是相同的。

職業不分貴賤，各行各業都有其一定的目標，誰也不必自卑，誰也毋需自傲。

人之所以會有憂苦、煩惱，少部份是外來的橫逆譏毀或自己的身體病痛，大部份則是個人的偏執。不是愛鑽牛角尖，就是過於堅持自我，以致作繭自縛，不得解脫。

一八三、杜絕煩躁的秘訣

飽諳世味，一任覆雨翻雲，總慵開眼。會盡人情，隨教呼牛喚馬，只是點頭。

現代社會中，各種衝突與爭執不斷發生，每個人的心中似乎都很煩躁，稍一不順心就怒火上升，口出惡言，甚至大打出手，真是驚心動魄。

事實上，一個人在飽嘗世間的辛酸後，再面對冷暖不定的人情變化，自可處之泰然，心安理得。所以，保持心平氣和的秘訣就是多經歷世故，只要能了悟人心，不論他人多麼不尊重你，你也不會發怒。

對於那些不值得信任的朋友，不要抱太大的期望，那麼，即使日後他背叛你或毀謗你，你也不會生氣。

總之，不必太在乎他人的想法，凡事只要問心無愧，就是最佳的精神穩定劑。

一八四、「平凡」最真

性天澄徹，即饑飡渴飲，無非康濟身心。心地沈迷，縱談禪演偈，總是播弄精魂。

一個天性澄明純正的人，肚子餓了就吃飯，口渴就喝水，過著正常的生活，必可使身心健全。

然而，有些心地沈迷於物慾的人，似乎很能說道論理的，開口閉口都是「古人說」，坐禪吟詩地表現很得清高，那只是在玩弄浪費精神智力。

然而他的內心真的也如此高雅嗎？誰能確定？

還是那些過著平凡正常生活的人，值得我們信賴。街

理想猶如海中的燈塔，它指引著我們人生的方向。一個人對於理想的堅持與達成，必須付以絕對的信心，不達目標絕不停止。人生宛如春夢一場，生而為人，就要做一場屬於自己的春夢。

一八五、俗中見雅

金自礦出，玉從石生。非幻無以求真。道得酒中，仙遇花裡。雖雅不能離俗。

黃金採自烏黑的礦石，寶玉亦採自平凡的原石，真理不在高山深水中，而是從現實的俗務裏獲得。

有的人可以一面喝酒，一面想出解決問題的方法；有的人可以在熙來攘往的人群中，覓到一塊安靜之地。

風雅與俗務看似背道而馳，事實未必。只要有心發掘，在日常生活中也可體會出人生的各種樂趣。

也許人生本就難得十全十美，年少卻無事業與財富，年老雖有錢有勢，卻嘆時不我予。人生充滿了得與失的困惑，只要凡事盡其在我，不去貪求身外名，反而能過得逍遙自在。

一八六、生活情趣到處皆有

萬籟寂寥中，忽聞一鳥弄聲，便喚起許多幽趣。萬卉摧剝後，忽見一枝擢秀，便觸動無限生機。

在萬籟俱寂的深夜裏，忽然聽到一聲鳥鳴，真是無限美妙。在枯葉凌亂的廢園中，忽然發現一朵白花，真是無限感動。有靈氣的人，內心絕不會枯槁，一受到外界的刺激，立刻會有所反應。

不要總是抱怨空氣污濁、噪音吵雜、工作太多、壓力太大、人情太薄……冷靜思考，熱心感受，你將會發現生活情趣到處都有。

樂觀的人，比較能用理智來約束自己，樂觀的人，是凡事往好的方面想，永遠隨遇而安，勤奮不懈的。

悲觀的人，比較喜愛感情用事，凡事總往壞的一面想，只要人類稍一墮落，他就憂心忡忡、寢食不安。

一八七、收放得當才能健全身心

放者流為猖狂，收者入於枯寂。唯善操身心的，欛柄在手，收放自如。

白居易曾說道：「身心完全自由解脫，就可與天地融合為一。」晁補之則說：「身心加以控制壓抑，就可徹悟道理。」只是強調自由，容易陷於放縱；但過於抑制則將失去活力。所以，應該寬嚴適中，收放得當，如此身心才能得到正常的發展。

現代人的生活過於緊張，所以容易疲倦發怒，如果能把白居易與晁補之的見解加以融合，就可一伸一縮控制自如，擁有一個愉快的人生。

不論何人，只要不忘記心中想什麼，只要對的，就勇往直前，則目的地即可到達。

為尋求快樂而努力工作，然而快樂只不過是瞬間而已，工作的痛苦卻數倍於你所得到的快樂。如果你試著想以快樂來抵消工作上的痛苦，那麼，人簡直就是被自己此種夢幻所玩弄，而成了夢幻的奴隸。

一八八、「拙」的真諦

如桃源犬吠，桑間雞鳴，何等淳龐。至於寒潭之月，古木之鴉，工巧中便覺有衰颯氣象矣。

現代人凡事講求技巧，訴諸捷徑，所以，無法體會「拙」的真諦。洪自誠說：「捨棄技巧，抱著笨拙的態度，一步一步貫徹藝術的修養，自然能有所精進。」

事實上，「拙」具有無限價值，它是最自然、最純樸的境界。籬邊犬吠，桑間雞鳴，這是何等動人的景象！

「拙」是不該勉強求得的，能忘卻一切虛榮，就能達到自然的境界；勉強自己純樸，非但徒勞無功，還令人生厭。

「生」的不安就如佛陀的教義所指出的，是來自於對生存的迷惑與執著。苦惱和迷惑也是由此而產生的，但隱居起來斷除一切的關係，就成了一種逃避的行為。

一八九、避免慾望過多

以我轉物者，得固不喜，失亦不憂，大地盡屬逍遙。以物役我者，逆固生憎，順亦生愛，一毛便生纏縛。

有主見的人，在達到目標的過程中，無論失去什麼或獲得什麼，都不會因悲喜而停下腳步。

缺乏主見的人，總是會被外界事物打擾思思，稍不順心就灰心喪志，無法繼續向前。

有主見的人，目標既定，不會再增加其他慾望，所以，能專心朝目標前進。由此可見，要達到自己的理想，慾望就不能太多，否則必會陷入痛苦之深淵。

在二次大戰之後，由於大眾的物質慾望提高，刺激工商業發達，使得世界經濟突飛猛進；然而因需求過度發達，終於使人們陷入迷失之中而無法自拔，這是我們必須警惕的。

一九〇、如何與風雅之士相交

酒以不勸爲歡，棋以不爭爲勝，笛以無腔爲適，琴以無弦爲高，會以不期約爲真率，客以不迎送爲擔夷。

你是否曾與風雅之士交往？洪自誠的心得是必須以「酒以不勸為歡，棋以不爭為勝，笛以無腔為適，琴以無弦為高，會以不期約為真率，客以不迎送為自然。」之心相待。

由此可見，風雅之士的生活是多麼的自由自在，不受形式所拘束，或受傳統的束縛。

與人交往的禮儀是人類生活智慧的累積，但往往流於形式而失其原本意義。風雅之士就是能突破傳統，看開一切，所以能自由自在，樂趣無窮。

見得多的人知識淵博，聽得多的人有智慧，拒絕別人勸說的人耳目閉塞，只相信自己的人必然孤立。容易憤怒就會傷害別人，私慾太多了就會害了自己。

一九一、享受春日風情

興逐時來，芳草中撒履間行，野鳥忘機時作伴。景與心會，落花下披襟兀坐，白雲無語漫相留。

當你心血來潮，不妨拋開俗務，漫步於松林間，聞聞花香，聽聽泉聲，享受一下春日美景。

當你與大自然為伴時，野鳥似乎忘卻戒心，飛到你身邊，告訴你春天的訊息。此時，白雲悠悠，炊煙裊裊，彷彿置身仙境，一切煩惱早已拋至九霄雲外。

自然界的變化，是因為人認為真有此變化，才會不變動，因此，如果人否定了自然界的變化，自然界就會停止其變動。把眼睛閉起來，外界就化為一片黑暗了。睡著的話，一切的萬物便會從我們的視界消失。因為張開眼睛才承認了事物的存在，也因為如此，事物才會存在。

一九二、洗「心」

機息時，便有月到風來。不必苦界人世。心遠處，自無車塵馬跡。何須痼疾丘山。

當你捨棄仇恨之心與奪勝的野心時，頓時會感到月特別明亮，風特別清爽。長久居住在紛擾的人群中之心靈，的確有必要找個機會洗滌一番。經過大自然洗滌之後的心，將十分澄明，再也感受不到任何酸甜苦辣的世間情了。

人處在凡間，不可能一切如願，偶爾忘卻煩惱，悠然仰望天空，必有另一番清新的感受。

沼澤中的野鴨，四處奔走覓食，自由自在，它不希求人餵養而身困樊籠之中。確記，災禍不會胡亂地降臨到一個人的頭上，幸運不會無緣無故地來到你的身邊。

一九三、並非凡事皆嚴重

心曠則萬鍾如瓦缶，心隘則一髮似車輪。

具有寬闊胸襟的人，即使是萬鍾的俸祿，也會視之如破瓦罐般的，沒什麼了不起；反之，對於那些心胸狹窄的人而言，即使細如髮絲的事情，也會像車輪般之重量加諸其內心。

有些事會令某些人懊惱萬分，但有些人卻能處之泰然。這與資質無關，而是本身的修養問題。

對小事敏感的人，並非完全不好，但希望他能以理性冷靜思考，不必凡事都視為車輪般壓迫自己。

虛偽的人表面和藹可親，但內心是假的，刻毒的人，雖然滿臉堆笑，但笑裡藏刀。忍一忍就可以抵禦急躁和魯莽，沈著冷靜就可以控制衝動。

一九四、忙裏偷閒

人生太閒，則別念竊生。太忙則真性不現。故士君子不可不抱身心之憂，亦不可不耽風月之趣。

過於空閒，容易產生雜念，過於忙碌，則易喪失靈氣。

讓身心適度發展是很重要的，偶爾追求風雅也無妨。

一個人如果終年只為自己的私利奔波勞累，不眠不休，終有病倒的一天。雖然所負的責任很重，工作很多，也應該找時間休息，紓解身心，才能重新再出發。

我們不難發現在運動場上許多企業名流正賣力地打著球，在青山綠野間許多知名人物正悠然地走著，他們並不是無所事事，而是利用工作之餘調劑身心，以儲備更多的精力，再度衝刺。

領悟者和凡人一樣，心靈也會受到損傷，不同的是，他們能夠很快地重新站起來。以在海上行走的船為例，當大浪湧來時，船可能會偏向右側，不過很快它就會恢復平衡。平凡人在遇到大浪時，會因腦中一片混亂，而將體重置於已經向右傾斜的右側，結果使船傾斜得更厲害。

一九五、何必將人間視為一苦海

世人爲榮利纏縛，動曰塵世苦海。不知雲白山青，川行石立，花迎鳥咲，谷答樵謳。世亦不塵，海亦不苦，彼自塵若其心爾。

名利心濃厚的人，總是認為人間猶如一苦海。

然而，請各位仔細看看，雲白山青、草綠花香、河清水澈，還有那悠然自傳的野鶴佇足田邊，這是苦海嗎？真正的苦海其實是在你的心中。

名利心濃厚的人，總是會被人們孤立，四周的競爭者不是被打敗，就是想打敗他，於是草木皆兵、疑神疑鬼，當然感到痛苦。

聰明的人不必過分自卑，也毋需過於自傲，一切看得淡，想得開，就能快快樂樂過一生。

對待事物就像對水和火一樣，如果使用得恰當，就能創造幸福；如果不能利用它有利的一面，就會造成災難。

一九六、最美的境界

花看半開，酒飲微醉。此中大佳趣。若至爛漫酕醄，便成惡境矣。履盈滿者，宜思之。

花半開、酒微醉，就是最高的生活情趣。

凡事都要求十分的人，必然希望花盛開、酒喝得酩酊大醉，殊不知如此只會增加痛苦。

今日是個飽食時代，每個人每天都可吃到自己想吃的食物，所以，佳節來臨時大吃一頓的期待之心已不復存在。如此可喜抑或可悲？恐怕是見仁見智吧！

喜悅必須保留三分，哀傷切莫至極，如此才是最美的境界。

現代人多半只重視結果，就以推銷員來說，上司只要求下屬達到自己所訂定的業績目標，至於部屬如何努力地想要達成業績，則根本毫不在乎。這麼一來，上司與部屬的關係當然會產生破綻。所以，不要先看結果，到達結果之前的過程才是最重要的。

一九七、上天的玩笑

非分之福，無故之獲，非造物之釣餌，即人世之機阱。此處著眼不高，鮮不墮彼術中矣。

自己在毫無理由下，突然得到的幸福，有可能是上天的玩笑，也有可能是人生的一種陷阱，必須留意。

「上天的玩笑」這個觀念很有意思，是否真有其事？各位在得到非分之福時，不妨仔細想想。

日和月競相奔馳不息，人生在世誰能舒適優閒。當意外的驚喜降臨時，切勿得意忘形，應該反問自己，是否有資格接受這分「禮物」？

榮華富貴很快就會化為泡影，天公難道只會對你偏心？幸福必須由自己的努力而得，若事與願違，也毋需怨天尤人，繼續努力才是重要的。

一九八、命運操之在我

人生原是一傀儡。只要根蒂在手。一線不亂，卷舒自由，行止在我。一毫不受他人提掇，便超出此場中矣。

人的一生有如舞台上操縱的人偶，掌握在自己手中。也就是說，能控制自己的意志、情感，不受外物影響的人，就能成功；而無法克制自己的人，無論外在環境多有利，還是不能順利成功。

生活在凡俗之中，人們必須靠自己的理性與力量，達成心中的理想，所以，自我克制的功夫愈強，愈能成就大事業，在人生的舞台上才能一展身手。

所謂生死，指的是從生到死為止，也就是我們的人生。不只是生死而已，生、老、病、死的痛苦，是任何人都無法避免的問題，也無法逃避。面對這個問題時，我們應如何處理呢？

道元禪師曾言：「放棄生、放棄死。」也就是，自己同時是萬物，萬物同時是自己，面對生死問題時，不要徬徨，要一心不亂靠自己的力量去瞭解。這便是道元禪師所說的「放棄」，不過絕非捨棄的「放棄」。

一九九、知足常樂

茶不求精而壺亦不燥。酒不求冽而樽亦不空。素琴無弦而常調，短笛無腔而自適。

喝茶不求最好，茶壺裏就永遠不會乾涸；選酒不求上等，酒杯裏就永遠充滿。

現代社會裏有些人凡事講求最好的、上等的，即使弄得一身是債也不在乎。事實上，物質生活是沒有一定標準的，粗茶淡飯能過一生，山珍海味也能過一生。雖然我們的努力是為了求得更高的生活水準，但也毋需過於追求，否則將疲於奔命，勞累不堪，如此的人生又有何意義？

物質生活豐裕的現代，我們不能任由欲望無限制的膨脹，要讓心靈留有餘裕，存有「只要這些就夠了」的想法。

知足的人，心靈經常保持平靜；不知足的人，心靈隨時都是紊亂的。的確，當自己想要的東西在眼前堆積如山時，實在很難抗拒誘惑。想要心靈平安，具體的作法，就是在心裡告訴自己「已經吃飽了」「已經足夠了」。

二〇〇、心中長存希望

釋氏隨緣，吾儒素位，四字是渡海的浮囊。蓋世路茫茫，一念求全，則萬緒紛起。隨寓而安，則無入不得矣。

人生無常，要凡事都完全滿足自己的慾望是很困難的，只要心中存有希望，隨遇而安，就能順利渡過人生大海。

對現狀不滿，不斷改變自己是一種矯情，令人厭惡。若能適度發揮所長，巧妙應付環境，必可克服各種困難。

洪自誠對後人的期許是：心中長存希望，個性稍趨柔軟。是的！在茫茫的人生大海中，「希望」就像是一個浮囊，可以讓我們依憑而渡過，而不失正直的柔軟個性，卻是最佳輔助器。

人生的道理，並非全是平坦的康莊大道。前輩們早就說過，人生有山有谷，有苦有甘。也許會遇到許多悲歡離合，也許會迭遭挫折，但不論如何，都必須靠自己逐一克服這些障礙。

〔小知識〕

(1)日暮途窮的明朝

『菜根譚』寫於明朝萬曆年間（一五七二～一六二〇）當時是明朝第十四代皇帝神宗在位時期，原本繁榮興盛的明朝，由於內憂外患，逐漸衰敗了。

外患方面以北方蒙古人最為強大，明朝為了抵禦外侮而修復萬里長城，花費了一大筆國帑。同時，在東南沿海上有倭寇侵略，尤以豐臣秀吉侵略朝鮮最為嚴重，明朝為了救援朝鮮，做了很大的犧牲。內憂方面，則是官僚派系的權力傾軋，造成朝廷分崩離析，使得民心渙散，反抗之舉迭起。

(2)酒與茶的文化

在『菜根譚』中多處提到茶和酒，在中國的酒中，西域有葡萄酒，北方畜牧區有乳酒外，其他大多是以穀類為原料，以麴經過糖化作用，以酵母來發酵，製成的釀造酒。其中以老酒之一的紹興酒為代表，喝的人最多。

至於茶，則是先用蒸餾法使茶葉乾燥，以石臼擣之，然後以開水煎來喝的茶。

(3)竹林七賢

指西元二世紀至三世紀之間的魏、晉時代，包括阮籍、嵇康、山濤、向秀、劉伶、王戎、阮咸等七名隱士。

他們都具有卓越的政治見解與高超的藝術素養。對當代的為政者十分反感，認為他們都是偽善者，所以遠離政壇，漠視俗務。在竹林中飲酒清談，自得其樂。

他們的思想以老莊之無為而治為主，對爭權奪利的當代社會風氣絕望透頂，以銳利的筆鋒做嚴厲的批判，阮籍的『詠懷詩』為其代表。

(4)美工藝術的發展

明神宗萬曆年間，雖然政治漸趨腐化，但在文化上卻大放異彩，尤其在美術與工藝上，發展更盛。其中，書法以董其昌最負盛名；水墨畫以徐渭為代表，山水畫以張瑞國為最傑出，他們都是萬曆年間的大家。

日本的伊萬星與色鍋島之「萬曆赤繪」就是以濃豔華麗的色彩與美麗纖細的文樣著名。

染織方面，以南京、蘇州、杭州最負盛名。而錦綾、刺繡等高級品之製法，也是在這段時期傳到日本。

(5)酬詩選才的習俗

舊時青年男女，特別是女子在「守閨門，受毋訓」等封建戒律的束縛下，「男女授受不親」，個人婚事只能遵從「父母之命，媒妁之言」，其哀怨、私情不可能像近代婦女那樣直率表露。雖然如此，但也不是藏珠手櫝，被動地被人來求索，而是乘時而動，不能再令她們滿足，而要酬詩選才。

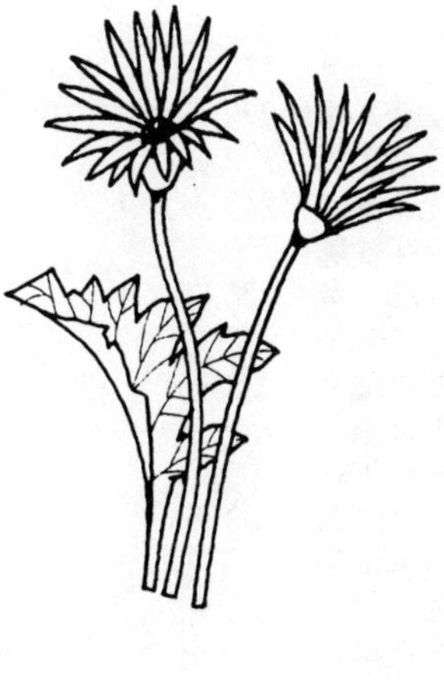

大展出版社有限公司
品冠文化出版社

圖書目錄

地址：台北市北投區(石牌)
致遠一路二段 12 巷 1 號
郵撥：01669551＜大展＞
19346241＜品冠＞
電話：(02) 28236031
28236033
28233123
傳真：(02) 28272069

・熱門新知・品冠編號 67

1.	圖解基因與 DNA	（精）	中原英臣主編	230 元
2.	圖解人體的神奇	（精）	米山公啟主編	230 元
3.	圖解腦與心的構造	（精）	永田和哉主編	230 元
4.	圖解科學的神奇	（精）	鳥海光弘主編	230 元
5.	圖解數學的神奇	（精）	柳谷晃著	250 元
6.	圖解基因操作	（精）	海老原充主編	230 元
7.	圖解後基因組	（精）	才園哲人著	230 元
8.	圖解再生醫療的構造與未來		才園哲人著	230 元
9.	圖解保護身體的免疫構造		才園哲人著	230 元

・圍棋輕鬆學・品冠編號 68

1.	圍棋六日通	李曉佳編著	160 元

・生活廣場・品冠編號 61

2.	366 天誕生星	李芳黛譯	280 元
3.	366 天誕生花與誕生石	李芳黛譯	280 元
4.	科學命相	淺野八郎著	220 元
5.	已知的他界科學	陳蒼杰譯	220 元
6.	開拓未來的他界科學	陳蒼杰譯	220 元
7.	世紀末變態心理犯罪檔案	沈永嘉譯	240 元
8.	366 天開運年鑑	林廷宇編著	230 元
9.	色彩學與你	野村順一著	230 元
10.	科學手相	淺野八郎著	230 元
11.	你也能成為戀愛高手	柯富陽編著	220 元
12.	血型與十二星座	許淑瑛編著	230 元
13.	動物測驗—人性現形	淺野八郎著	200 元
14.	愛情、幸福完全自測	淺野八郎著	200 元
15.	輕鬆攻佔女性	趙奕世編著	230 元
16.	解讀命運密碼	郭宗德著	200 元
16.	由客家了解亞洲	高木桂藏著	220 元

・女醫師系列・品冠編號 62

1.	子宮內膜症	國府田清子著	200 元
2.	子宮肌瘤	黑島淳子著	200 元
3.	上班女性的壓力症候群	池下育子著	200 元
4.	漏尿、尿失禁	中田真木著	200 元
5.	高齡生產	大鷹美子著	200 元
6.	子宮癌	上坊敏子著	200 元
7.	避孕	早乙女智子著	200 元
8.	不孕症	中村春根著	200 元
9.	生理痛與生理不順	堀口雅子著	200 元
10.	更年期	野末悅子著	200 元

・傳統民俗療法・品冠編號 63

1.	神奇刀療法	潘文雄著	200 元
2.	神奇拍打療法	安在峰著	200 元
3.	神奇拔罐療法	安在峰著	200 元
4.	神奇艾灸療法	安在峰著	200 元
5.	神奇貼敷療法	安在峰著	200 元
6.	神奇薰洗療法	安在峰著	200 元
7.	神奇耳穴療法	安在峰著	200 元
8.	神奇指針療法	安在峰著	200 元
9.	神奇藥酒療法	安在峰著	200 元
10.	神奇藥茶療法	安在峰著	200 元
11.	神奇推拿療法	張貴荷著	200 元
12.	神奇止痛療法	漆 浩 著	200 元
13.	神奇天然藥食物療法	李琳編著	200 元
14.	神奇新穴療法	吳德華編著	200 元

・常見病藥膳調養叢書・品冠編號 631

1.	脂肪肝四季飲食	蕭守貴著	200 元
2.	高血壓四季飲食	秦玖剛著	200 元
3.	慢性腎炎四季飲食	魏從強著	200 元
4.	高脂血症四季飲食	薛輝著	200 元
5.	慢性胃炎四季飲食	馬秉祥著	200 元
6.	糖尿病四季飲食	王耀獻著	200 元
7.	癌症四季飲食	李忠著	200 元
8.	痛風四季飲食	魯焰主編	200 元
9.	肝炎四季飲食	王虹等著	200 元
10.	肥胖症四季飲食	李偉等著	200 元
11.	膽囊炎、膽石症四季飲食	謝春娥著	200 元

國家圖書館出版品預行編目資料

『菜根譚』給現代人的啟示／陳羲主編

－初版－臺北市，大展，民 95

面；21 公分－（鑑往知來；6）

ISBN 957-468-439-3（平裝）

1. 修身

192.1　　　　94024357

（鑑往知來 6）

『菜根譚』給現代人的啟示　ISBN 957-468-439-3

主編者／陳　羲
發行人／蔡森明
出版者／大展出版社有限公司
社　址／台北市北投區（石牌）致遠一路 2 段 12 巷 1 號
電　話／(02) 28236031・28236033・28233123
傳　真／(02) 28272069
郵政劃撥／01669551
網　址／www.dah-jaan.com.tw
E-mail／service@dah-jaan.com.tw
登記證／局版臺業字第 2171 號
承印者／國順文具印刷行
裝　訂／建鑫印刷裝訂有限公司
排版者／千兵企業有限公司
初版1刷／2006 年（民 95 年） 2 月

定　價／220 元

大展好書　好書大展
品嘗好書　冠群可期

大展好書　好書大展
品嘗好書　冠群可期